上图 / 风华正茂的陈定昌

下图 / 陈定昌在各个时期的照片

上图 / 1992年，陈定昌院长（左一）在试验基地与黄纬禄院士（左三）、徐乃明总指挥（左二）、王尚虎副院长（右一）讨论问题

下图 / 2014年，陈定昌（右）在武器装备试验场指导工作

上图 / 20 世纪 90 年代，陈定昌在办公室

下图 / 陈定昌在北京理工大学兼职教授授聘仪式上讲话

上图 / 2004 年，陈定昌（中）赴法国考察时留影

下图 / 陈定昌（右二）在希腊雅典参观访问

上图 / 陈定昌（左）在何梁何利基金2008年度颁奖大会上

下图 / 2008年4月，陈定昌（右二）荣获全国五一劳动奖章

上图 / 陈定昌在天津大学作专题学术报告

中图 / 陈定昌认真阅读2014年院工作会文件

下图 / 2014年9月，陈定昌参加某装备体系建设立项综合论证评审会

上图 / 2005 年，陈定昌（中）与二院 207 所的领导与专家们合影

下图 / 2014 年 11 月 29 日，陈定昌（左八）参加中国光学工程学会成立大会期间，与参会代表合影

上图 / 2008年，陈定昌在镜泊湖瀑布旁留影

下图 / 2012年，陈定昌与夫人彭梅娣在家中合影

陈定昌院士传记

Academician Chen Dingchang's Biography

《中国航天院士传记丛书》总编委会 组织编写

孙捷 张吉利 侯鲜利 程国海 著

中国宇航出版社
·北京·

图书在版编目(CIP)数据

陈定昌院士传记 / 孙捷等著 ;《中国航天院士传记丛书》总编委会组织编写. —— 北京 : 中国宇航出版社, 2016.9

(中国航天院士传记丛书)

ISBN 978-7-5159-1179-3

Ⅰ. ①陈… Ⅱ. ①孙… ②中… Ⅲ. ①陈定昌—传记 Ⅳ. ①K826.16

中国版本图书馆 CIP 数据核字(2016)第 228626 号

责任编辑　黄　苹
责任校对　王　妍　　**装帧设计**　宇星文化

出版发行　中国宇航出版社

社　址　北京市阜成路 8 号　　邮　编　100830
(010)60286808　(010)68768548

网　址　www.caphbook.com

经　销　新华书店

发行部　(010)60286888　(010)68371900
(010)60286887　(010)60286804(传真)

零售店　读者服务部
(010)68371105

承　印　三河市君旺印务有限公司

版　次　2016 年 9 月第 1 版
2016 年 9 月第 1 次印刷

规　格　787×960

开　本　1/16

印　张　15　彩　插　8 面

字　数　204 千字

书　号　ISBN 978-7-5159-1179-3

定　价　58.00 元

《中国航天院士传记丛书》总编委会名单

《陈定昌院士传记》编审委员会名单

编审委员会

主　任　马　杰

副主任　李　陟

委　员　吕大波　严　华　严荣祥　张向群　唐应伟
罗　霄　盛　利　李　芸　金立亮　鲁耀兵
张世溪　韩志平　刘　珂　路海东　曹建中
申屠燕冬　夏　溧

编审委员会办公室

主　任　邸　帅

副主任　韩　宁

成　员　李　嵌　余国辉　张福祥　李卫民　罗朝晖
沙元昌　纪军丽　刘方方　幸小雷　王　昕

序 一
Preface I

中国航天事业自1956年创建以来，已经走过50多年的发展历程。在党中央、国务院、中央军委的亲切关怀和英明领导下，中国航天人团结一心、顽强拼搏、勇于创新、无私奉献，不仅取得了以“两弹一星”、载人航天工程和月球探测工程为代表的辉煌成就，孕育形成了航天传统精神、“两弹一星”精神和载人航天精神，也造就了一支技术精湛、作风优良的航天人才队伍。

航天系统的中国科学院院士和中国工程院院士就是这支队伍的杰出代表。中国航天科技集团公司和中国航天科工集团公司先后有50多位科学家和航天工程专家当选为两院院士。其中，有7位院士获得过“两弹一星”功勋奖章，2位院士获得过国家最高科学技术奖。他们不仅是航天成就的主要创造者，也是航天精神的重要孕育者和忠实践行者。

中国航天事业是在新中国成立不久，工业实力、科技实力、综合国力都很薄弱，帝国主义严密封锁，苏联撕毁协定、撤走专家的情况下发展起来的。以航天院士为代表的中国航天人，自力更生，艰苦奋斗，奋发图强，顽强拼搏，在一穷二白的基础上，独立自主地创建起了中国的航天事业。

航天型号研制是复杂的系统工程，涉及很多领域，需要众人参与，必须大力协同、集智攻关才能完成。以航天院士为代表的中国航天人，在航天工程研制实践中，齐心协力，密切配合，实现了一次又一次技术突破，铸造了一项又一项辉煌成就。他们为祖国的航天事业作出了巨大贡献，却淡泊名利，不计得失，将个人利益置之度外。

航天事业属于尖端技术领域，难度大、风险高、技术复杂，在发展历程中碰到过很多难题，经历过各种坎坷，甚至遭受过重大失利。以航天院士为代表的中国航天人，在困难和失败面前不动摇、不退缩，树立百折不挠、锲而不舍、脚踏实地、严谨务实的工作作风，不断攻坚克难、勇攀高峰，取得了一个又一个胜利，树立了一座又一座丰碑。

今天，在由航天大国向航天强国迈进的征程中，航天院士的科学思想、创新意识、坚定信念和爱国情怀是全体航天人宝贵的精神财富。中国航天科技集团公司和中国航天科工集团公司决定出版《中国航天院士传记丛书》，不仅是为了宣传航天院士的科研成就，总结航天院士的成长规律，更是为了传承航天院士的宝贵精神，使之生生不息、薪火相传，为“续航天梦、筑强军梦、圆中国梦”的伟大实践提供精神动力和思想源泉。

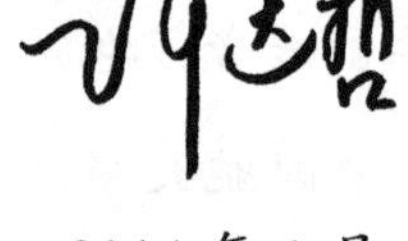

2014 年 1 月

序　二
Preface Ⅱ

中国航天事业创建半个多世纪以来，培养和塑造了一大批功勋卓著、德高望重的中国科学院院士和中国工程院院士。他们具有坚定的理想信念和强烈的爱国情怀，理论功底深厚，技术水平高超，善于引领科学发展和技术创新，在中国航天事业发展的关键时期发挥了重要作用，为中国航天事业取得辉煌成就、孕育航天精神作出了突出贡献。

为了全面、系统地总结航天院士的成长规律，把航天院士的科学思想和创新方法记录下来、传承下去，为中国航天事业积累精神财富，为航天强国建设提供有益借鉴，中国航天科技集团公司和中国航天科工集团公司研究决定，组织编写一套《中国航天院士传记丛书》（以下简称《丛书》）。

党的十八大描绘了坚持中国特色社会主义道路、全面建成小康社会、实现中华民族伟大复兴的宏伟蓝图，同时也为加强国防和军队现代化建设、推进我国由航天大国向航天强国迈进指明了方向。在中国航天事业“续航天梦、筑强军梦、圆中国梦”的新形势下，出版这套《丛书》，具有重大的现实意义和深远的历史意义。

记载航天历史。航天院士是中国航天事业的宝贵财富，他们的成长历程反映了航天事业的发展轨迹。这套《丛书》不仅是航天院士个人的传记，也从不同侧面记载了中国航天从技术到管理、从思想到精神的真实历史。

弘扬航天文化。宣传航天院士，就是站在科学的高度，向社会各界全面宣传航天事业，弘扬航天文化，使其成为中华民族文化宝库的重要组成部分，增强中华民族的自信心、自豪感和凝聚力，提升国家的软实力。

传承航天精神。航天精神是包括航天院士在内的几代航天人，在中国航天事业发展历程中，不断积累、提炼、传承而逐渐形成的，是民族精神、时代精神与航天实践相结合的产物，是中国航天事业之魂。《丛书》全面反映了航天院士的学术成就、科学作风和思想品格，有助于航天精神薪火相传。

培育航天人才。中国航天事业已经完成了新老交替，一代航天新人正在茁壮成长。《丛书》是泽被后世的人才工程，对于培育航天人才、发展航天事业、铸造新的辉煌将产生积极的促进作用。

总之，《丛书》是一套具有航天特色的爱国主义教材，是不可多得的精神食粮。相信这套《丛书》的出版发行，必将吸引更多的年轻人热爱航天、投身航天、奉献航天，以饱满的热情和昂扬的斗志再攀高峰，使中国航天事业后继有人，蓬勃发展，续写辉煌。

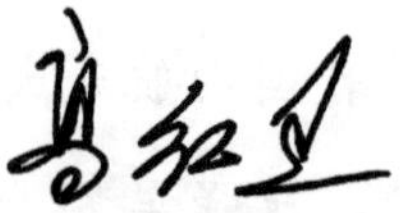

2014 年 1 月

目　录
Contents

第三章　勇于担当　助推二院返地空

第四章　敢于探索　精确制导谱新篇

第五章　天降大任　为我中华铸神剑

引 子

2009年1月的北京，朔风凛冽，天寒地坼。然而此时庄严宏伟的人民大会堂里，却如春天般的温暖，鲜花怒放，万头攒动，人人脸上洋溢着喜悦的笑容，这里正在隆重举行2008年度国家科学技术奖励大会。主席台上，胡锦涛、温家宝、李长春、习近平、李克强等党和国家领导人正向获奖代表颁发奖状。观众席中，一位并不引人注意的儒雅长者和他的同事们，静静地坐在一片不起眼的位置，没有鲜花，没有镜头，甚至连他们刚刚获得的国家科技进步奖特等奖都没有被念出名字，只是以获得特等奖的是“青藏铁路建设工程等三项”中的一个“等”字来代表。

这位儒雅长者，正是我国导弹控制与制导专家、国家863计划项目首席科学家陈定昌。此刻的他，脸上含着微笑，就像当年“两弹一星”功勋奖章获得者们在面对荣誉时所表现出的那样平和、淡然，脑中却如电影蒙太奇般切换闪回着成就背后的一幕幕艰辛、一次次险阻，更欣慰于党和国家对航天事业的重视以及对航天工作者们的厚爱……

《庄子·逍遥游》中述道:“北冥有鱼，其名为鲲，鲲之大，不知其几千里也。化而为鸟，其名为鹏。鹏之背，不知其几千里也。”毛泽东主席取其意，在《蝶恋花·从汀州向长沙》中写下:“六月天兵征腐恶，万丈长缨要把鲲鹏缚”的豪迈诗句，意为天兵红军征伐凶恶的国民党反动派军队，反动势力如鲲鹏般巨大，须用红军的强大力量将其缚住。而今，陈定昌团队所研制的先进武器，正是新时期的万丈长缨!

今日的成绩，绝非偶然。从少年时代起，遭受国破家亡之痛的陈定昌就立志报国，“长大了一定要投身国防，为国家研制精良武器，让中国人不再受欺负”。于是，他的大半生就和我国的空天防御事业紧密联系在一起，并始终致力于先进防御武器研究，功勋卓著。

往事并不如烟，恍然就在昨天。陈定昌不会忘记，为了研发这次获奖的新型飞行器系统，在制定规划、确定方案时，一个个殚精竭虑的不眠之夜；不会忘记，在各个分系统研制中，当试验一次次遭遇失败时参试人员流下的痛苦泪水；不会忘记，首次关键试验获得成功时那激动人心、欢呼雀跃的场面；更不会忘记，历经二十载的自力更生、艰苦奋斗，终于完成了被认为不可能完成的艰巨任务。

祖国的蓝天，澄澈透明；祖国的海疆，碧波荡漾；祖国的大地，祥和安宁。陈定昌知道，这是因为在祖国的背后，有一大批同自己一样的国防军工事业的开拓者和坚守者，他们为国家安全甘愿付出。由于他们的不懈努力，人民军队如虎添翼，插上了新军事装备的翅膀，使觊觎我国领土的敌人，闻风丧胆，退避三舍。国防军工战线，一辈辈前赴后继，一代代人才辈出，如同璀璨的银河，“星汉灿烂，若出其里”。

陈定昌，一个鲜为人知的名字，中国科技银河中一颗熠熠生辉的星辰。

第一章

生于困苦
自强不息长成才

乱世中出生的陈定昌，自幼饱尝贫穷饥饿的滋味，求学路上历经坎坷，却矢志不渝。进入清华大学无线电电子学系雷达专业学习，勤工俭学当上男“三八红旗手”，毕业设计获得了优异成绩。

1. 童年和青年时期

1937 年 1 月 30 日（农历丙子年腊月十八），陈定昌诞生在上海一个普通人家。父亲为其取名“定昌”，希望以此能带来家庭兴旺，将来也能为国家、民族昌盛作出贡献。然而国家此时正处于危难时期，“八一三”日寇大举进攻上海，至 11 月 12 日，上海全部沦陷。这年底，陈定昌全家逃难到江苏扬州，在大运河边安顿下来。

陈定昌快 6 岁时上小学。他的第一所学校是城西小学，今日已成为扬州知名的汶河小学。学校以汉儒董仲舒的“正谊明道”为校训，旨在培养道德高尚、志存高远、明辨是非的学生，这也成为陈定昌最初的思想教育内容。三年级后，陈定昌转学到城北小学，在那里完成了小学学业。

小学毕业后，陈定昌考上了著名的江苏省立扬州中学。1949 年年初，全家迁回上海，陈定昌转学至上海市立女子师范附属中学，该校后来并入知名的上海市立市西中学。不久，抗美援朝开始，市西中学学生掀起了参军参战热潮。陈定昌在家人的支持下，也积极报名，引起学校关注，班主任杨文娟老师找他谈话，并就此对全班进行了爱国主义教育，也为他后来决心献身国防事业打下了基础。

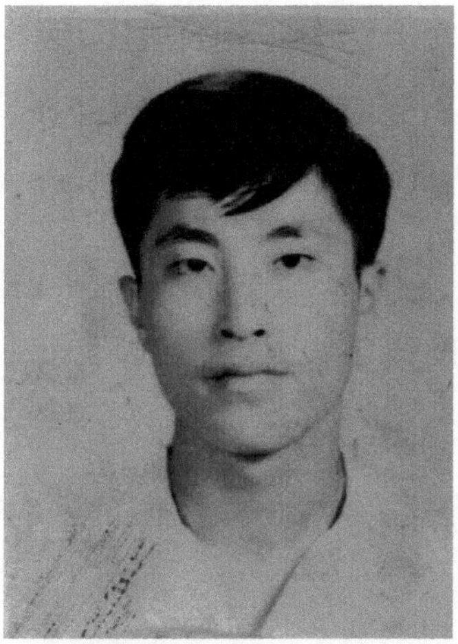

20岁风华正茂的陈定昌

1952年9月，陈定昌考入上海市东南中学，一年后转学至南京，报考著名的南京第十中学。高二插班生只收1人，报考者却有16人，16：1，通过考试，陈定昌最终成为了这1人，在校园里一时传为佳话。因为勤奋、刻苦加努力，陈定昌的学习成绩一直居全年级前列。高三备战高考时，陈定昌突然接到校长通知："学校准备保送你们到北京留苏预备部，去苏联留学。"考试分数公布后，他以优异成绩被留苏预备部录取，并在中学毕业前加入了中国共产主义青年团。

1957年，苏联单方面取消了留苏名额，500余名学员直接进入国内大学，其中300余人进入清华大学，200余人进入北京大学。按照报考志愿，陈定昌进入清华大学无线电电子学系，开始了崭新的大学生活。

2. 选择雷达专业

实践出真知。切身的体验，使陈定昌在思想上更加成熟。这位血气方刚的有志青年，在人生的20年头里经历了日寇入侵、家园被毁的颠沛流离，感受了新中国百废待兴、留学被阻的受制于人。

有位哲学家说过："一个民族只有通过历史才能完全地意识到自己。"历史一次又一次告诫人们，没有先进技术，没有强大的国防，没有经济实力，落后只能挨打；完全依赖外援，被动也只能挨打。

“要使中国富强起来，自立于世界民族之林，实现强国梦，一定要以发达的科学技术为前提”的道理，深深印在陈定昌的脑海里。“科技报国”，一心苦读，学得真本领，为建设强大的国家作出贡献的决心，让陈定昌矢志不移。

坐落于北京西北郊风景秀丽的清华园，是中国高层次人才培养和科学技术研究的重要基地。在校园读书时，陈定昌经常不禁驻足体味万千变幻的清华园。工字厅后门外，有一处园内胜景。西部高山流水，北面假山峭壁，山林之间掩映着两座雅致古亭，南面荷塘之畔立有一座秀雅建筑。这个蕴藏诗意的地方，其景致与“自强不息、厚德载物”的

清华园二校门，1991年在原址重建

校训共鸣，为孜孜不倦、渴求知识的陈定昌注入力量。

陈定昌就读的无线电电子学系原为无线电工程系，创建于1952年9月，是在原清华、北大两校工学院电机系和电讯组的基础上合并而成的。建系之初，全系三个年级学生刚过百人，仅有15名教师、5位职工。师生团结协作、共同创业，按照美国麻省理工学院设置课程，并进行教学。1957年，无线电工程系从只有电信一个专业方向扩展到包括通信、雷达、电视、微波、电真空、半导体等覆盖无线电工程大部分领域的多个方向，教学体制从以欧美模式为主转变到以学习苏联为主。1958年，无线电工程系更名为无线电电子学系，设无线电技术、无线电物理、电真空技术、电子学、半导体等5个专业，成为紧跟电子学学科前沿、学科相对齐全、招生人数和学生总数居全校之首的有影响的大系。陈定昌就读期间，该系本科专业学制改为六年。

清华大学一流的教学设备和师资队伍，使陈定昌在知识的海洋里尽情遨游，在许多方面都得以锻炼和发展。随着学习的日益深入和新技术的发展，他越发认识到：只有发展新技术，才能实现“科技兴国”；落后于他人，就会受到严重威胁。自幼抱定为祖国强大作出贡献的他，在完成大一、大二无线电电子综合知识学习后，在允许选择专业的大三，瞄准前沿科学，并通过严格的政治审查，如愿以偿地进入无线电电子学系雷达专业学习。

雷达专业是第二次世界大战期间新发展起来的带有战略性的科学技术。所谓雷达，即是用无线电的方法发现目标，并测定其空间位置，因此，雷达也叫无线定位器，又被称为“科学的千里眼和顺风耳”。其优点是无论白天还是黑夜，均能探测远距离目标，且不受雾、云、雨等气候条件的制约，具有全天候、全天时的特点，并有一定的穿透能力。因此，雷达不仅成为军事上不可缺少的电子装备，而且被广泛应用于国民经济发展的其他领域。

陈定昌立志做“科学的千里眼和顺风耳”，跟踪世界先进技术，抗衡世界霸

陈定昌（前一）与同学
留影于北海公园

权威胁。大学学习期间，为追求学业进步，获取前沿科学知识，他不断发现问题，不断求解答案，拷问着世界的本质，探究着事物的本源，在寻找答案的过程中不断向前迈进。

由于两年的留苏预备部学习，加上六年的大学生涯，陈定昌整整度过了八年的大学时光。大学生活丰富了他的知识，提高了各方面能力，奠定了扎实的专业基础，培养了浓厚的理论研究兴趣。

3.“德、智、体”全面发展

清华大学历来重视学生“德、智、体”全面发展，体育运动是清华育人的传统之一。

早在 1913 年，学校就开始实行体育强迫运动，规定“每天下午 4 时半到 5 时半为强迫运动时间，届时将图书室、教室、宿舍关闭，要求学生都到操场上运动，由体育教师巡视指导”。

无线电电子学系的体育活动开展得轰轰烈烈，闻名全校。陈定昌在课业负担较重的情况下，将蒋南翔校长提出的“为祖国健康工作50年”的要求铭记心间、化为行动，以饱满的热情，按时出现在运动场上，让处于兴奋状态的大脑神经得到适当的松弛和调整，努力聚集着体力和脑力的能量。

排球场上飘逸的上手发球和跑动的一、二传，足球场上快速奔跑的抢断和大脚射门，羽毛球网前的大力扣杀……很多体育项目中，都能看到陈定昌矫健的身影。他比较擅长短跑与长跑，百米成绩13

陈定昌于清华大学读书时留影

秒1，达到国家三级运动员标准；3千米、1万米长跑，都不在话下，体育锻炼标准“劳卫制”全部达标。从1963年大学毕业后走进中国航天，已逾50年，陈定昌以健康的体魄、杰出的贡献，实现了蒋南翔校长“为祖国健康工作50年”的要求。

在校期间，陈定昌还被系里的分团委看中，担任分团委对外宣传组组长，负责组织对外宣传文章的撰写和投送。他撰写的文章，每周都有两三篇通过学校广播，传送到清华大学校园的每个角落。

陈定昌的大学生活丰富而又多彩。暑假期间，爱好写作的他被学校话剧团邀请去写剧本，再现“一二·九”运动的场景，颂扬革命先辈和爱国学生的正义行动，讴歌抗日救国的大无畏精神。剧本创作是一项艰苦的脑力劳动，陈定昌同创作组其他同学一起，到学校图书馆查找资料，研究策划，比如如何在剧本中复现清华学生姚依林（后任国务院副总理）等革命先行者扛着大旗，从城门下爬进去打开城门的生动场景；如何把抗日救国行动推向高潮等系列创作问题。

善于学习他人之长，是陈定昌的一个特点。在剧本创作中，写作班子中一位其他班级的同学，引起了他的注意。这位同学在讨论剧本创作思路时，与一般同学不同，他分析问题总能站得很高，将“一二·九”运动的意义梳理、分析得很透彻，陈定昌从这位同学的发言中受到深刻启发，因此也开始学习站在战略高度看问题。虽然陈定昌已记不得这位同学的名字，但对他善于分析问题的特质，留下了很深的印象，并始终坚持运用这一方法分析解决问题，受益无穷。

4. 当上男“三八红旗手”

无线电电子学系坚持“培养人是根本任务，教学工作是基础”的原则，始终以专业教学和科研工作为中心，提高教学质量，倡导好的学风，培养学生理论与实践相结合的能力，把学生的热情引向勤奋学习、严格务实方面，在学习和实践中增强自己的真才实学，为学生日后的发展打下较好的业务基础。

无线电电子学系把学生的“学习好、业务精、有潜力”放在重要位置，系主任李传信永远把全系学习成绩最好的 10 名学生的名单，压在办公桌玻璃板下的做法，成为无线电电子学系的美谈。

重视教学工作，是无线电电子学系的优良传统。教师不但传授知识，更注重培养学生的学习方法和掌握知识的能力，不断更新教学内容，想方设法地让学生做到书越读越薄，知识基础越来越雄厚，动手能力越来越强。为此，系领导决定，重要的本科专业基础课让有经验的教师担任，目的是为学生提供一系列与世界科技发展同步的电子科学技术理论与实践课程。

无线电电子学系的科学研究和科研方向探索，在 1958 年全面开花结果：完成电视设备研制，参与中国第一座电视台建设，完成射电天文望远镜、14 路话音编码终端、微波测试系统、半导体硅材料和硅晶体管等，并在新建成的钢铁学院大楼“北京高校科研成果展览会”上进行了展示，刘少奇、朱德、邓小平、聂荣臻等党和国家领导人参观了展览。

1958 年，无线电电子学系继续瞄准世界前沿，逐渐把电视和图像技术，数字通信和数据传输，雷达及雷达信号录取和处理，电波、天线和微波技术，微波和大功率电真空器件，半导体和集成技术、激光等作为主要科研方向。

勤工俭学是清华大学实施“教育与生产劳动相结合”的活动形式之一。1957年9月，陈定昌入读清华大学后，学校为落实勤工俭学的办学方针，让学生们走向社会，向工农兵学习，学思想，练技术，决定停课2～3个月，号召学生到国营第718厂搞勤工俭学，尔后在取得实践经验的基础上，把实践教学的重要基地——校办工厂办好。

国营第718厂坐落于北京市朝阳区酒仙桥4号，是国家老牌的电子元器件制造基地。陈定昌他们怀着新鲜好奇、跃跃欲试的心情，来到工厂，开始了艰苦的勤工俭学生活。

起初，陈定昌被分配当电焊工，一个月后转入元器件生产车间。车间领导发现陈定昌手快，操作熟练，就让他学习装配云母电容，为回校担任校办工厂元器件生产技术员做准备。

云母电容是一种电子元件。云母是绝缘物质，将用金属箔做的电极板和云母一层一层地叠合后，再压铸封固在环氧树脂中，成为云母电容。装配云母电容，首先要把两边的多层电极接好，然后用一个卡子卡住并送到装塑机里，再加上一个塑料壳。整个装配完全靠人工操作。

云母电容装配工作，显然比较适合女工，所以，全车间清一色的娘子军。陈定昌来后，则是百花丛中唯一的男性。装配任务实行量化管理，完成每天计件定额并不轻松，工作时间之外的加班，几乎成为全部人员的常态。

尽管装配工作对勤工俭学的学生无定额要求，只是“练兵”，但陈定昌深知实习后回校办工厂当技术员的责任重大，因此下决心尽快熟练掌握装配技术和工作流程。

起初他在动作上不熟练，速度也不够快。他便仔细分析各个操作环节，并认真观察别人是如何操作的，且经常向领班请教。当他得知全车间唯有一名女工能在工作时间内完成定额，就站在这名女工身后学习观察，慢慢地看出了门道，并逐步掌握了其中的窍门。

智者的日子是放在思考里，方法是完成任务的基本条件。陈定昌对装配方法加以整理和提炼，自创出一手拿镊子、另一手进行推压的装配方法，使装配速度提高了数倍，且质量完全合格。在车间劳动竞赛中，他取得了第二名的佳绩，还被评为男“三八红旗手”。陈定昌的努力和聪慧，在工作实践中再次得到了验证和发挥。

熟练完成装配云母电容工序后，陈定昌又被派往密封车间学习云母电容密封。其密封过程是用一台注塑机，将放在模子里装配好的芯片进行封固。封固模子要靠脚踩压来开关，在打开瞬间时要快速取出密封好的云母电容，如果手脚配合不好，手就可能被夹住受伤，此项工作风险较大。但心灵手巧的陈定昌很快便掌握了其中的技巧，与老师傅配合默契，显著提高了工作效率。

从大学到工厂车间，从学习到与生产劳动相结合，仅仅几个月的勤工俭学，陈定昌看到了工人师傅平凡中的伟大，亲身感受到他们坚韧不拔的精神和爱党爱国的高贵品质，虽然每天的工作定额很高，但大家都努力完成，毫无怨言。工人师傅苦干、实干加巧干的精神，使陈定昌深受教育。

勤工俭学结束后，陈定昌带着熟练的装配技术和工人师傅的优秀品质回到学校，在无线电电子学系的“元器件工段”当技术员，负责指导装配云母电容，把做好的电容装配到脉冲示波器、信号发生器上，供学校研发和教学使用。

勤工俭学，使陈定昌收获很多，既学习了技术，增强了动手能力，又锻炼了思想，磨练了意志，并与工人师傅增进了感情，建立了友谊，成为了朋友。一年后，他又回到工厂，与工人师傅们共叙友情，分享工作和生活中的快乐，相互鼓励，在各自岗位上努力工作和学习，为建设祖国贡献力量。

5. 毕业设计得5分

清华大学历来重视培养学生扎实的“基本功”。无线电电子学系总是尽量请有学识、有经验的“名师”来教授基础课，使学生具有强大的“后劲”。另外，在许多专业课程中安排“课程设计”“专题试验”“大实验”等内容，让学生自己选择实验题目，自己设计实验方案，自己动手完成一定的专题任务。

毕业设计则普遍结合研究和生产实践进行，让学生在毕业前就受到系统的科研、设计和生产工作的训练。无线电电子学系毕业生普遍反映，基础扎实，自主学习能力强，实践动手能力强，是一生事业成功的最重要因素。

陈定昌在大学生活的第五年中，经历了严谨的课堂学习，到工厂、车间勤工俭学，不但积累了实践经验，有了感性认识，动手能力得到很大的锻炼和提高，而且把所学知识梳理得更加系统和清晰，把理论基础打得更加扎实和牢固。这样既有理论又有实践，理论和实践相结合的学习生活，使陈定昌的大学生活过得非常充实。

调试示波器是大五的必修课，也是考核项目，要求每个同学都要掌握。示波器是一种能够显示电压信号动态调整波形的电子测量仪器。调试示波器的关键在于，要有稳定的状态和波形。陈定昌动手能力强，理论基础扎实，他认真按照步骤，很快就使调试达到指标要求。在班里拔得头筹后，他又耐心辅导其他同学，使大家共同完成了这一课程。

大六的毕业设计，是科学研究的一门主课，也是大学学习成果的大检验，把校园学习推向顶峰。大多数毕业设计题目都是针对科研、生产实际，在老师的指导下，基本由学生独立完成，“真刀真枪”地解决实际问题。

陈定昌所做的课题是“大功率雷达频率稳定技术”，这是一个难度较大的课题设计，此前已进行了两年多。第一届做课题的一个毕业生完成了谐振腔设计，得到了 4 分的较好成绩；第二届毕业生理论设计没做好，实验系统也未搭建起来，只得到了2分。到了陈定昌这届，已拖延三年的课题设计必须完成，时间紧、任务重，陈定昌无疑承受着很大的压力。

在陈定昌的求学过程中，面临过无数次的困难和压力，他却总能将压力转变成动力，种种磨练，成为他高效率、高水平完成学业和任务的定势。这次也不例外。接受毕业设计任务后，他便全身心投入到任务过程中，早上一起来就钻进实验室，直到晚上10点才回到宿舍，连吃饭都是让同学给带馒头回来，他仔细地做项目，专心投入，几近痴迷。

所承担课题的重要性和时间的紧迫性，引起了领导的高度重视，无线电电子学系系主任、党总支书记李传信专门到实验室看望并询问了陈定昌完成课题的进度。至今，陈定昌仍记得这位一贯重视人才培养，后来担任清华大学党委书记的老清华人。

领导的信任使陈定昌更加努力，并默默在心中定下要实现5分好成绩的目标。功夫不负有心人。经过10个月的艰苦努力，陈定昌成功了，圆满完成了课题设计，并以5分的优秀成绩通过；由他撰写的有理论、有实践，推导准确、论证圆满的三大本毕业论文，得到了专家、教授的一致好评，并且成为理论联系实际的典型、毕业论文的范本，供学生学习效仿。

通过做课题设计，陈定昌琢磨出一个道理：搞科学研究，来不得半点虚假，无捷径可走，用理论指导实践很重要。同时，逆向思维也是开阔思路、解决难题的思想方法和手段，是向成功进军的妙招。

如果说应用研究是侧重于“求用”，那么基础理论研究则是侧重于“求知”。基础理论研究和学科建设是应用研究的基础，是源头活水，二者是源和流的关系。如果没有基础理论研究和学科建设的发展与创新，解决具体问题的对策研究就会失去科学依据。

逆向思维的实质，是在事物的对立统一中去思考问题，它否定了那种认为任何认识只有一个的思路，以及只有一种逻辑顺序、一种肯定性结论的单向思维方法。逆向思维本质上是一种创造性思维，能够释放出潜在的创造力，摆脱习惯势力的束缚，突破常规的思路，用辩证法来改造我们的思维。

陈定昌在完成课题设计的过程中，努力追求理论和实际的有机结合，遇有一时难以解决的问题，善于运用逆向思维、顺序反推的多维理性思考，以找出正确的答案。他总是尽可能多地发现问题、提出问题，为的是能够尽量从导师那里多得教益，更好地充实和提高自己。老师引导的价值是无穷的。在完成毕业课题设计的过程中，指导老师吴国威教授给他留下了深刻的印象，成为他学业上的良师益友。

陈定昌在清华大学求学期间，注重锻炼和发展。他把读书学习当成自己的嗜好和乐趣，视之为与好友交谈，愉悦心灵。读书学习使他增长了知识，增强了记忆，修炼了性格和锲而不舍、精神专一的韧性，获取了政治营养和技术技能，达到了一种理性的思想境界。而哲学这一知识的获得和运用，得益于他对毛泽东《实践论》《矛盾论》的认真学习和理解，培养了他的科学思维方式，锻炼了他极强的口头表达能力。

对《实践论》和《矛盾论》，陈定昌颇有学习体会和心得。《实践论》以实践为基础，以认识和实践的辩证统一为中心，系统论述了能动的、革命的反映论，强调人类的生产活动是最基本的实践活动，实践是认识的主要来源和推动认识发展的动力。《矛盾论》运用唯物辩证法，总结了中国共产党领导中国革命斗争的实践经验，从两种宇宙观，矛盾的普遍性、特殊性，主要矛盾和矛盾的主要方面，矛盾诸方面的同一性和斗争性，对抗在矛盾中的地位等方面，深刻阐述了对立统一规律这一辩证法的实质和核心思想。在回忆起大学经历时，陈定昌总是深有感触地说："我在清华大学时读过的最重要、一辈子都遵循的书，就是毛主席的《实践论》和《矛盾论》，这是我在清华最重要的收获，在科学道路上认真学习这两本书，建立起科学的思维，很多问题都可以得到解决。"

陈定昌（后排右二）与老同学在清华大学校庆时合影

陈定昌

陈定昌院士**传记**

Academician Chen Dingchang's Biography

陈定昌院士传记
Academician Chen Dingchang's Biography

第二章

投身国防 雄鹰展翅栉风雨

结束清华大学学习的陈定昌，来到国防科研单位，扎扎实实地开展工作。一步一个脚印，敢为人先，使他在工作第三年就有机会直接受命于钱学森，制造出中国第一部激光雷达。

1. 跨入航天大门

经过六年苦读，1963 年 7 月，陈定昌从清华大学无线电电子学系毕业。

面容清瘦，但长年坚持体育锻炼，使陈定昌那不算很高的身材显得尤为挺拔；多年辗转求学，最终在中国公认的大学之冠中以优异成绩毕业的经历，使陈定昌的神态显得自信和刚毅，给人一种沉稳而又英姿勃发的感觉。

陈定昌和同班 4 名同学被国防部第五研究院（简称“国防部五院”）二分院选中，大家都欢欣鼓舞。想起求学途中所遇到的坎坷经历，陈定昌不禁感慨自己赶上了国家发展的好时机，更是急不可待地想到二分院报到，以使自己多年所学得以施展。因此，当学校宣布毕业，别的同学纷纷告别母校荣归故里，回家享受学业有成后的甜蜜时，陈定昌却没有回上海与父母团聚，而是急忙收拾好行李，直接赶往二分院政治部干部处报到。

是缘分，还是巧合，就在陈定昌决定选择无线电专业时，1957 年 11 月 9 日，国防部五院院长钱学森、政委谷景生等领导向聂荣臻副总理呈送了《关于导弹研究院的体制意见的报告》。钱学森、谷景生等领导在报告中提出，以军事电子科学研究院为基础，与五院十一室等五个研究室合并，组成国防部五院二分院，地址选在永定路财务学校校址；二分院的主要任务是负责地地、地空和飞航式导弹控制系统的设计工作。1957 年 11 月 16 日，中央批准成立国防部五院二分院，周恩来总理任命王诤为国防部五院副院长兼二分院院长。

1963 年是那几年大学毕业生分配到二分院人数最多的一年，将近 300 人，他们大都是清华大学、北京大学、哈尔滨军事工程学院等中国顶尖大学的毕业生，对二分院来说，真可谓“群贤毕至”。

新来的大学生被安排住在二分院四街坊 409 号楼，一栋新建成的集体宿舍楼里，大房间住 4 人，小房间住 2 人，住宿条件比学校改善了许多。而且，报到后当月就发了工资，大家都喜气洋洋。

各校毕业生到齐后，由二分院干部处向院内各单位进行分配，陈定昌等二十多人被分到国防部五院二分院第二专业设计部（简称“二部”）。二部成立于 1958 年 10 月 4 日，是我国最早组建的地空导弹总体设计部，后逐渐成为承担我国空天防御导弹武器系统的总体研发、设计、集成与试验等任务的单位。到二部后，陈定昌又被分到二分队雷达组，组长是黄培康（后当选为中国工程院院士）。

不积跬步，无以至千里。陈定昌在二部入职后干的第一件工作，是受命做一个锯齿波发生器。基于在学校和生活中培养锻炼出来的能力，陈定昌从开始设计到完成调试，只用了一个星期时间。当时多数设计人员是只做设计并不动手，陈定昌却不同，完成设计后，他领来元器件和原材料，自己在二部模样车间（总体部和各研究所中专门为设计人员的初步设计制造样机的车间，一般有车、钳、铣、刨、磨及无线电装联等多个组）无线组，动用各种工具加工电路。他的表现让组里同事和车间工人们眼前一亮，电路完成了，陈定昌和车间工人师傅也成为了朋友。

虽然顺利地迈出了第一步，但陈定昌从事科研的道路并不平坦。按照规定：新来的大学生要到车间劳动锻炼一年。陈定昌被安排到模样车间钳工组，由此开始了入职后的第二件工作——和两位老师傅一起修理“高低温实验柜”。通过这段实践，陈定昌深深感到，虽然自己的无线电基础知识掌握得较好，但其他方面的知识还很欠缺、知识面较窄；遇到非本专业的任务，自己的表现就乏善可陈了。于是，在其后的业余时间里，在挖掘专业知识深度的同时，他不断努力地拓展自己的知识面，如饥似渴地学习。陈定昌在完成一个不算大的项目所交上去的学习笔记就有 12 本。

陈定昌努力工作、刻苦学习，在专业深度和广度两个方向上不断进取，使自己快速成长为一名合格的总体部工作人员。

1964 年 7 月，陈定昌顺利度过了参加工作后的实习阶段，被二分院授予中尉军衔。

2. 牛刀小试露锋芒

20 世纪 60 年代，中、美之间正在进行着一场现代武器的电子对抗战。这场对抗的起因是：美国为了加强对其他国家的监视，委托洛克希德·马丁公司生产了一种 U-2 高空侦察机。这种飞机的飞行高度远远高于同时期的其他飞机，使当时各国的常规防空武器对 U-2 高空侦察机都无可奈何，因此，U-2 高空侦察机可以随意进入他国领空。而且，该机还具备超长距离的飞行能力，可以轻易对我国这样幅员辽阔的国家进行侦察。国外媒体把 U-2 高空侦察机称作“蛟龙夫人”，足见国际上对这种侦察机的赞誉。美国为台湾配备了一个中队的 U-2 高空侦察机，该中队被台湾当局命名为“黑猫中队”，主要用来对中国大陆进行侦察。

截至 1962 年 8 月，U-2 高空侦察机已深入我国腹地进行了十余次侦察。与此同时，我军也和敌人斗智斗勇，在摸清敌机活动规律的基础上，根据我军只有少量地空导弹的现实情况，采用机动灵活的战术打击敌人。1962 年 9 月 9 日，地空导弹部队在华东地区上空击落了一架 U-2 高空侦察机，在全世界引起了很大轰动，打破了 U-2 高空侦察机在中国不可战胜的神话。

U-2高空侦察机

美国在研究我军导弹技术的特点后，又在 U-2 高空侦察机上加装了新型电子设备，妄想躲避中国导弹部队的打击。为了保卫国家领空不受侵犯，我空军导弹部队和 U-2 高空侦察机进行了多次较量，而站在中国空军导弹部队背后进行技术支持的，是众多的国防科技工作者。每当美国将其技术提高到一个新阶段，我国科技工作者也用有力的保证，为空军部队打击入侵的 U-2 高空侦察机提供新的技术支持。

为躲避中国导弹部队的打击，美国在 U-2 高空侦察机上安装了预警装置。在二分院 23 所张履谦（后当选为中国工程院院士）等工程技术人员的支持下，导弹部队运用技术和战术相结合的手段，又打下了第二架 U-2 高空侦察机。为了应对 U-2 高空侦察机再次被中国导弹部队击落的状况，美国开始在飞机上安装新的电子设备。与此同时，二分院也按照上级机关安排，接受了新的科研生产任务。

一天，陈定昌正在车间忙碌，突然接到通知说黄培康组长找他有事，便急忙赶回组里。

一见面，黄培康就问道："中频电路，你做过吗？"

陈定昌回答说："以前学过，但是没做过。"

黄培康进一步试探说："中频电路很难做，就算能够做出来，测试也很困难。"

黄培康之所以这样问，是因为进行打 U-2 高空侦察机的试验，需要一台能够产生中频信号的信号发生器。黄培康着急安排陈定昌试制这台仪器，但不知他能否胜任。

听完黄培康的话，陈定昌肯定地说："中频信号测试能解决，用真空毫伏表就可以。"

听完陈定昌的表态，黄培康感到他在这方面确实具备一定的把握，于是向他正式下达了设计制造“中频信号模拟器”的任务。

接受任务后，陈定昌一边继续在车间劳动锻炼，一边抓紧开展设计工作。信号模拟器被要求调制出各种各样模拟干扰的方波、杂波和阻塞，当时的科研条件差，没有任何这方面的资料，完全要靠自己的理解和想象来做，白手起家，所幸有位同志从兄弟单位拿到一个简单的中频电路图，于是陈定昌就以这张图为基础，反复揣摩并加以改造，终于设计出了合乎要求的图纸，并交给模样车间无线组进行生产。

可新问题又出现了，模样车间无线组组长张灿荣师傅从未做过这样复杂的电路，感到难以完成，陈定昌就反复给他讲解技术要点，经过两人的共同努力，电路终于做出来了。陈定昌与张灿荣也由此结下了几十年的友谊。

全部电路焊接装配完成后，陈定昌开始进行全系统调试，虽然在学校没做过中频信号模拟器，但凭借着在学校打下的坚实基础，中频信号模拟器很快就调试出来了，可在不同信号和干扰比下模拟杂波与转播式欺骗干扰，这台设备在为打 U-2 高空侦察机所进行的干扰和抗干扰模拟试验中，发挥了重要作用。

通过设计制作中频信号模拟器，陈定昌体会到：“一件事情没做过没关系，但首先要敢干，同时在干中必须细心，复杂的工作往往会在不复杂的环节上出问题。”陈定昌就是通过在工作中总结经验，快速提高自己的工程实践能力。

在大多数人对中频电路尚缺乏认识的情况下，大学毕业不久的陈定昌成功设计制作出了中频信号模拟器，1964 年受到奖励，并荣立三等功。

3. 初出茅庐挑大梁

20 世纪 60 年代，国防战线演绎了一场鲜为人知的电子对抗战，二分院作为参与者，不但成为国内第一个以技术参加实战的研究院，而且涌现出一大批技术专家，陈定昌便是其中之一。

就在陈定昌完成中频信号模拟器设计制作的同时，打击 U-2 高空侦察机又出现了新情况：美国在 U-2 高空侦察机上安装了更加新型的电子干扰设备，为此，二部受命成立抗干扰组，研究对 U-2 飞机作战的抗干扰问题。

成立抗干扰组意义重大，因此，进组的成员都是由领导精心挑选后才定下来的。组长陆怡放（后任 8511 所所长），组员有谌爱英、朱英铭等。为进一步加强抗干扰组的力量，上级想到了陈定昌，觉得他在设计中频信号模拟器电路等工作中表现很好，决定让他提前结束劳动锻炼，加入该组。抗干扰组一成立，就投入了紧张的工作中，组长陆怡放对抗干扰组工作状态的表述是“一场比智慧、比速度的电子对抗战”。

进入抗干扰组，标志着陈定昌的科研设计工作正式开始。坐在上级安排的三屉桌前，陈定昌一面把自己来单位一年的学习笔记放进抽屉，一面暗下决心用自己的努力工作回报领导和同志们的信任。

通过参加对美国“12 预警系统”的分析，陈定昌对美国人的设计思路和水平有了一定的了解。他认为：美国在工业和科技水平上确实领先于其他国家，但是，中国人并不比美国人笨，我国科技人员只要有信心，同样可以取得胜利！

风华正茂的陈定昌

美国在原有预警系统方案的基础上，又增加了具有电子欺骗功能的“13系统”。

接到上级机关下达的设计应对美国“13系统”抗干扰任务时，组长陆怡放正在外单位搞协作，陈定昌主动与二部抗干扰组其他同志对敌机出现的新情况进行分析，并提出解决方案。他们认为：U-2飞机面临导弹打击时不躲不闪，是“13系统”实施了欺骗行为。陈定昌对“13系统”的具体技术原理进行了描述：“美国掌握了我方雷达的扫描频率，就搞了一个转播式的干扰。我方雷达信号照射到U-2飞机后，飞机上的‘13系统’就对其进行调制，形成一个具有误差的信号，这个信号从飞机上发射到地面雷达，对地面雷达形成误导。”为此，他设计了一个看似简单的电路，这个电路把假回波抵消后，留下的就是真实的回波。这就是后来应用在我军雷达上的“反向切割电路”，整个过程仅用了两天。方案汇报给在外面出差的陆怡放组长，组长转而又汇报给了二分院。

陈定昌等科技人员经过分析思考，认为前一阶段与U-2飞机的斗争暴露出一个问题：每当美国在U-2飞机上采用一种新的干扰技术，我们就得相应地研制一种新的抗干扰技术，我们在与美国U-2飞机的斗争中总是处于被动地位。如果我们能够提前搞好抗干扰的各种研究，就可以做到“先发制人”，从跟在美国人后面追，变为跑到美国人前面打。这一看法得到了二分院副院长钱文极的赞同。陈定昌提出要针对抗干扰开展系统研究，搞清究竟有哪些手段可用来抗干扰。1964年12月13日，二分院开会决定制定抗干扰规划，此规划又被称作“1213规划”。自此，二分院开始重视二部抗干扰组的工作。

1965年年中，“1213地空导弹抗干扰规划”制定完成，规划中的二十几个抗干扰电路成为我国抗干扰的典型电路，其中陈定昌负责抗转播式干扰类。

值得一提的是，陈定昌以“百尺竿头，更进一步”的精神，又对已被部队认可的“反向切割电路”方案进行了设计完善，以一个新方案来防止由于美国在“13系统”上不断减少延时，最终使我方“反向切割技术”在敌方误导信号中所切出来的能量不能满足抗干扰需要。陈定昌以数学名词“LgD，对数除法”命名这个新方案。陈定昌解释说：“什么是对数除法？一个除法，你用对数的话就变成相减了，具体用在抗干扰上的工作过程就是：用一个电路把动态范围压缩，而后将照射天线接收到的波形和扫描天线接收到的波形相除，除的结果就把干扰都减掉了，于是整个真实波形全部恢复了。”

陈定昌起草的“LgD，对数除法”方案研制任务书，下给了哈尔滨军事工程学院郭桂蓉（后任国防科工委科技委主任，当选为中国工程院院士）。此时郭桂蓉刚从苏联留学回来，接受此项研制任务后，很快完成了电路设计，并带领另一位同志在二部车间着手进行研制。由于二分院多数人都在参加“文革”运动，车间没有人，大门钥匙就交给了他们。就在别人轰轰烈烈搞政治运动之时，郭桂蓉他们踏踏实实地在车间里做电路、搞调试，一年后任务完成了，被命名为“41 号电路”。这个电路后来装备了中国防空导弹部队。

在中国国防科技工作者和导弹部队的共同努力下，美、台当局的阴谋多次折戟沉沙。从 1968 年起，他们被迫停止派遣 U-2 高空侦察机进入大陆纵深活动。

春风送暖，万象更新，科学终于迎来了高速发展的春天。1978 年 3 月，全国科学大会在北京隆重举行。陈定昌参与的“263 反向切割电路”和“41 号抗干扰电路”，荣获本次全国科学大会奖。

4. 探索激光，直接受命钱学森

20 世纪是一个新技术迅猛发展的时代，60 年代初，激光技术开始出现。在世界上第一台激光发生器出现 6 个月以后，中国也研制出了自己的第一台激光发生器，此时，钱学森以一个大科学家的敏锐观察力关注着这项新技术的发展。

中国领导人面对西方的核威胁和核讹诈，非常关心对抗导弹核武器的方法。

1964 年年初，毛泽东主席在一次科技展览会上看到了激光技术的展示：一个红宝石激光发生器只用了很小的功率，就瞬间打穿了一个剃须刀片。他敏锐地察觉到激光武器的发展前景。1964 年 2 月 6 日，针对导弹核武器防御问题，毛主席找到钱学森说："有矛必有盾，搞少数人有饭吃，专门研究这个问题。五年不行，十年；十年不行，十五年。总要搞出来的。"毛主席的这个指示，后来成为我国探索防御武器的依据。其相关工程成为我国很长时期的重点工程。

1965 年 1 月，根据国务院、中央军委的决定，国防部五院改为中华人民共和国第七机械工业部（简称"七机部"），二分院改称七机部二院。1969 年 8 月，二院又依主要工作内容，更名为空天防御总体研究院。在此后的十几年里，二院为某工程做了大量研究工作，进行了有益探索，取得了一批重要研究成果，其中有些技术达到国内最高水平，有些技术填补了国内空白。与此同时，科技队伍得到了很大锻炼，对防御系统的技术特点和难点有了较深刻的认识，这对我国导弹事业的发展具有积极的意义。

在毛主席谈过激光技术后，钱学森从专业角度提出：激光能不能做一个信号源，像无线电一样，也能做各种各样的探测和制导应用？他把这个"激光之问"提给七机部机关。任务经层层下达，交到了二院二部二室。二室领导从专业角度分析了一遍室里人员，结果发现谁也没研究过激光，领导最后找到陈定昌说："你对新技术感兴趣，去做一下激光技术的先期研究吧！"

当时的激光技术研究，是大家都不了解，因而是谁也不愿做的事情，陈定昌却没有推辞，他说："那好，我先去翻翻资料。"1966 年 2 月，该任务正式下达，陈定昌就这样走上了一条完全创新的道路。此后 5 年，他在钱学森的直接领导下进行工作。在先期研究中，他又一次从查阅海量的资料开始。这种通过分析情报资料以获取有用信息、做出正确决策的工作方式，让他逐渐运用得炉火纯青，一次次获益良多。

根据钱学森提出的“激光之问”，陈定昌到图书馆翻阅了一个月的资料。在对激光技术原理和国际、国内激光技术发展情况初步掌握之后，他产生了不但要搞激光导航技术，还要搞红外制导技术的想法。他了解到，国内当时的激光技术发展与发达国家的差距并不大，从长春光机所光学技术（代表当时中国光学技术最高水平）衍生出来的激光技术研究，已发展成立了上海光机所。经领导批准后，陈定昌启程到相关科研单位观摩学习，在国内激光技术研究机构调查、了解国内激光技术的发展状况。

从外地回到北京后，陈定昌再次到图书馆、资料室对激光技术进行研究，最后在充分掌握国内外激光技术发展情况后，他写了两份报告:《激光在导弹制导中的应用》《红外线在导弹制导中的应用》。两份报告印证了钱学森的设想，指出：激光是一个新型光源，作为电磁波的一个波段，可以用于探测制导，并且由于激光波长远远短于传统的无线电电磁波，因此在作为探测制导时，可以使制导精度大大提高。

1966 年 4 月，二院院长张怀忠（后任一机部副部长）召集各研究所所长在院调度室开院规划会，二部领导把陈定昌的调研结果推荐给了该会议，并安排他进行汇报。

参加会议的人员都是厂、所长，而陈定昌仅是一名毕业3年的青年科技工作者，但他并没有胆怯。在汇报中，他将激光、红外在制导中的应用，讲得一清二楚。

陈定昌刚一汇报完，张怀忠院长就"噌"地一下站了起来，皱着眉头来回踱步，全场都紧张地看着张院长，不知道他为什么不高兴。忽然，张院长停了下来，"啪"地一拍会议桌，说："谁跟我说的红外没用处？说美国搞的红外制导的空空导弹打出去就钻云，打出去就钻烟囱！"全场一片寂静，所有与会者都默不作声，陈定昌一时也有些摸不着头脑。后来他才知道，当时二院有一个专门搞红外的研究室，可院里一些人认为红外没用，有位领导还向张院长做了"红外没用"的汇报，所以张院长在两三个月前刚把这个室交给三院。该室和另外一个所共同成立了三院现在的某研究所。"一石激起千层浪"，陈定昌的这个调研结果警醒了二院领导，张怀忠院长感到上举对二院是个大损失，因此忍不住发了火。果然，"红外技术"在日后发展成为精确制导中的一项核心技术。

会后，张怀忠院长认为陈定昌做了一个有价值的调研报告，就安排他去向钱学森汇报。

钱学森凭着科学家敏锐的嗅觉，非常重视陈定昌的汇报，他把七机部机关有关司局长找到他的办公室。陈定昌虽然已经在院里会议上做过汇报，但是见到了被美国人称为"一个人能抵五个师"的钱学森，心里不免还是有几分紧张。

汇报结束时，陈定昌松了口气，以为这事儿就此结束，自己该回去继续搞抗干扰研究了。没想到钱学森听了汇报，觉得他的调研结论很有价值，当场作出一项重要决定："在航天领域，要把激光与无线电放在同等位置来发展。"

从钱学森作出决定的这一刻起，这个先期调研任务变成了一个预研项目。离开钱学森办公室的时候，陈定昌接受了一个更加艰巨的新任务。

根据钱学森决策，七机部机关作出决定：激光技术和红外技术首先在二院发展。二院又把这个项目安排到了二部，为此，二部决定成立激光、红外工程组，形成一个新的研究方向。因陈定昌做过先期调研等工作，被上级任命为该组组长。

陈定昌当上新项目组组长后，感到压力不小，更没想到去选人时，被挑上的几位同志死活不肯来，他们认为搞无线电雷达正当其时，搞激光雷达前景莫测，也许这一辈子都搞不出什么名堂。

既然大家都不愿意来，陈定昌索性不再征求意见，直接向室领导提名，确定几个人后，成立了“激光、红外工程组”。

1966 年 5 月，国防科委在京西宾馆召开“504 全国抗干扰会议”，进行重大项目的预先研究，陈定昌在会上一下子提出了好几个新项目：用激光做雷达来代替无线电制导，精度至少可以提高 100 倍；用红外代替雷达进行末制导；提出“激光引信”的新概念。这几个项目与钱学森的意见相同，经过讨论，这些项目都被列为重大项目。

会后，陈定昌向钱学森汇报激光雷达项目的发展情况，钱学森听后很肯定地说：“激光雷达好，这是一个重大方向，精度能提高那么多，世界上也没有人搞。”紧接着，他又说：“这件事我来落实。”钱学森之后的行为，令陈定昌很意外：没想到那么大的领导、专家，说完这些话，起身就去找中国科学院。

为了激光雷达项目，钱学森找了中国科学院的领导，而后又和中国科学院的领导一同到当时国内科研、生产力量最强的上海市去找市领导。经过研究，决定上海市、中科院、七机部三家联合开展激光雷达及其他项目研究，并把这些项目列为赶超世界水平的重点项目。

陈定昌的职业生涯在这一年中，发生了多次变化，本来搞抗干扰很顺手，半路又转到激光技术去了；本来是想提一点激光项目探探路，一下子又变成了重大项目。

高潮过后是低谷。陈定昌满心激动地向张怀忠院长汇报情况。张院长认真听完汇报后，回答却简单干脆："这个事情很好，一定要搞，但是我一分钱也给不了你，你自己去找钱。"参加工作时间不长，习惯于从上级获得经费支持的陈定昌听完张院长的话，一下子感到有些一筹莫展。思来想去，他决定再次去找钱学森。钱学森的工作风格又一次展现出来——他亲自去找国家财政部。财政部相关人员听了钱学森的介绍后，认为这个项目很好：这是个领先于世界、超英赶美的重大项目，可以单独立项。于是，由财政部直接拨款，经费问题迎刃而解。

任务明确了，经费也有保障了，陈定昌和他的工程组开始初步确定项目实施的总体方案。他们先根据所熟悉的无线电雷达工作原理框图，设计了激光雷达的总体工作原理框图：由激光发生器发射激光探测目标，用一个大望远镜接收反射回来的激光信号，进行光电转换后，再进行信号处理。为了防止反射回来的光信号很弱，陈定昌选择了国内较大型的150经纬仪作为接收返回信号的光学仪器，而后对这个经纬仪进行改造，使之具有光电转换能力。

激光雷达工作原理框图制定完成后，在全国范围内进行了工作分工：总体组由陈定昌的激光、红外工程组担任；激光发射器研制由上海光机所承担；接收信号的大型光学电子经纬仪由长春光机所负责研制；雷达信号处理部分由上海有线电厂负责。

大方案和分工确定后，就到长春光机所去调研。当听说这是个“超英赶美”的大项目，接待陈定昌的年轻人非常兴奋，他把这件事情汇报给所长王大珩（著名科学家，“863计划”倡议人之一）。王大珩也很感兴趣，他了解了陈定昌小组的设想和要求，约见了他们。陈定昌等人听到王大珩约见的消息后很高兴，因为王大珩是中国光学方面的权威啊！没想到见面后一谈，王大珩迎头给他们泼了一盆冷水：“你们这个事情先不要马上铺开来干，这里面存在科学原理问题。”

权威一上来就说存在科学原理问题，陈定昌他们紧张起来。王大珩说：“第一，激光的照射是个光线，和无线电不同，无线电波照射到目标上会散射回到发射位置上，而激光发射到目标上后，由于镜面反射，几乎不会返回到发射位置，得不到激光反射后的信号，就不可能形成雷达探测作用，这是第一个问题，就是说对像飞机这一类金属目标，它很可能没有回波，跟无线电不一样。”王大珩又加重语气说：“光学不能违反光学定律啊！”王大珩的第一个问题，就给了陈定昌他们当头一棒。

王大珩接着说：“第二，我们搞光学项目搞了很多，光在近地的时候抖动很厉害，实际情况光束可能畸变，你们精度的设计指标是20［角］秒，这样能行吗？这也是需要考虑的。”

“第三，就是你们的无线电空间背景噪声很低，主要是因为无线电的波长和光的波长相差较多，所以日光不会对无线电信号形成影响。但是激光不同于无线电，太阳光所产生的强烈背景噪声会把激光信号淹没掉，这也是个问题啊！”

第四个问题，是针对陈定昌工程小组当时提出的单脉冲方案的，王大珩说：“激光光束聚焦后是一个光点，弥散圆很小，光学接收四象限器件拼接都有缝隙，单脉冲方案的情况下，从目标返回的光束掉到缝隙里面怎么办？你还能检测吗？”

可以说这四个科学问题，个个击中要害，陈定昌他们没搞过光学工程，自己所掌握的光学知识仅仅来源于大学物理中的几何光学，因此，在与王大珩谈话之前，谁也没有想到这些问题。

从长春光机所回来后，大家的情绪有些低落。激光雷达小组讨论如何从技术上解决激光信号从飞机上反射到激光雷达发射位置的问题时，提出了一个在飞机上加装应答设备的方案。陈定昌认为这个方案虽然解决了技术问题，但是完全违背了战争的需要。陈定昌觉得王大珩说的有道理，但还是应该亲自做个试验验证一下。于是，他在南苑机场组织了一次试验，结果和王大珩预先判断的一样，发射激光的位置没有接收到任何回波。这下大家真没了办法，陈定昌只得安排参试单位先回去等消息。

试验进行到这一步，似乎无法再进行下去了。

但即使这样，陈定昌并没有死心，他隐约感觉光反射定律用在激光雷达上的结论还是有些问题，但是问题到底在哪里呢？经过思索，他将问题锁定在一个点上：激光发射出去后，能否回到发射点，是不用应答设备的激光雷达能否成立的关键！南苑的试验中，激光发射出去后确实没有回到发射点，但南苑的试验是否可以等同于实际应用环境和目标特征？这些问题，陈定昌在办公室里想，回到宿舍还在想。就在这种日思夜想的状态下过了一个月，终于有一天，他突然豁然开朗：南苑的试验和实际应用有一个很重要的区别，那就是“距离”。在南苑试验中，激光发射器距离试验目标太近，光束直径很小，照射到目标的某一局部，这个局部大多不会垂直于光束，因此返回的激光不会回到激光发射器所在的位置。而在实际应用中，激光雷达距离目标都非常远，激光发射器发射出去的激光所形成的光束直径也会比较大，照到飞机之类的目标上时，就会覆盖整个目标。既然目标外形是一个闭合的整体，那么必然会有某个面垂直于激光束，这样就会沿发射出去的光路反射回来一束光信号。

想到这里，陈定昌非常激动，他立刻带领工程组着手证实这个想法。他们到南苑机场向飞行员要来训练空中编队用的小飞机模型，在二院找了一个大厂房进行试验，结果给他们吃了一颗定心丸：当激光发射器距离目标足够远，其所发出的激光束能照满目标三分之二面积时，就可以在作为接收器的光学仪器上接收到返回的激光信号。为了进一步证实这个结论，工程组转动小飞机用以检测目标在各种情况下，激光束在目标上的反射情况。检测结果同样证实了陈定昌的想法是正确的。

山重水复疑无路，柳暗花明又一村。激光、红外工程组终于解决了王大珩提出的第一个问题，陈定昌也由此体会到：在工作中不能被经典理论吓倒，要从实际工作的特殊性来考虑问题，就能找到对应的解决方法。

第二个问题是激光在近地抖动问题。为了测出光束近地抖动的准确数据，陈定昌带着工程组找到中国科学院搞大气光学研究的同志，请他们帮助测量数据。对方说："如果要测水平抖动，我们可以在两个山头上各架一个设备来测，但你们要求往天上测，我们没法测。"可陈定昌这个项目的激光是探测飞机等高空飞行物的，肯定会有仰角，必须往天上测。大气光学研究所的同志虽然没能想出往天上测的方法，但他们从理论上进行了计算，结果证明大气扰动没有那么厉害。

理论数据有了，但没有实际测试数据，还是不能以此作为最终结论。大家都认为，除非用大量的飞机飞行时间来配合测试，否则没有解决的希望，但是国情又不允许这种试验方式。

尽管又一次面临困境，但陈定昌还是没有放弃，一直在思索测量方法。一天晚上，他向天上望去，满天星斗在闪闪发光，他忽然想到：星星闪闪发光，不正是因为大气扰动形成的吗，天上那么多星星，各个角度的星星都有，不正好可以用来测量吗？！陈定昌当即带着工程组去天文台联系。他们先找到上海佘山天文台，可到那儿后发现观象台的门都关着，叫了半天也没有人回应。原来由于"文革"的干扰，观象台停止了正常工作。他们不死心，又赶到位于徐家汇的上海天文台，那里的工作人员仍然让他们去佘山天文台做测量。工程组不辞辛苦地再次回到佘山天文台，又喊了半天门，依然无人答应。无奈，他们只好准备离开。正在这时，天文台的一扇门"咿呀"打开了，一位老先生从里面走出来，不高兴地问："你们干嘛啊，总在这儿叫！"陈定昌赶紧说明了来意，老先生闻言，趿拉着鞋把陈定昌等人带进屋里，并告诉他们说这个测试很好做："天文台有一个定天镜，具有不受地球自转影响始终跟着星星走的功能。"老先生和陈定昌一同选了天上不同高度的星星作为测量对象，之后两年中，老先生一直负责观察这些星星在大气里的变化情况。

在落实了这个观测点后，陈定昌和同事们再接再厉，又找了南京紫金山天文台、青岛观象台，从地球的三个不同纬度进行观测。两年后，三个观象台得出的观测结果令人振奋——大气扰动形成的误差低于陈定昌等人提出的20［角］秒。因此，王大珩提出的第二个问题也解决了。

通过动脑筋想办法，已有两个科学问题得到解决，陈定昌觉得更有信心了，尤其是第二个问题的解决，让他感受到只要锲而不舍，办法总是会有的。

王大珩提出的第三个问题是，天光背景所造成的影响。为了解这个背景信号的特点，陈定昌决定用“空天探测器”，对着天空背景做试验。他们找到上海技物所，因为已确定今后激光雷达接收器件由该所来做，所以他们积极配合进行测试，发现信号中由太阳形成的背景光造成的直流分量很大。对于这一现象，工程组分析：因为是一个均匀的背景，所以形成了一个很大的直流分量。这种情况恰好是陈定昌所熟悉的，于是他在电路中设计了一个隔直电容，直流分量的问题解决了。接下来还要考虑随机分量对干扰信号的影响，那么，这个随机分量有多大呢？经过测量，随机分量并不像想象的那样大，完全在陈定昌他们设计的激光雷达的允许范围内。为了增加可靠性，陈定昌又通过在接受激光信号的光学仪器上增加偏光镜片的方式将随机分量进一步压缩，第三个问题也解决了。

30岁时的陈定昌

针对王大珩提出的第四个问题，陈定昌他们在上海技物所用四象限光电探测器做了测试，果然出现了王大珩所预料的那个现象，即单脉冲激光时而会掉到盲区中，但这个过程很短，激光信号很快又跳出盲区，因此并不会对信号产生不可克服的影响。

陈定昌带领着工程组经过两年的努力，对四个科学原理问题都得出了完满、可靠的结论。试验做完后，他又马不停蹄地带领工程组写出一系列报告。全国第一次“激光雷达方案研讨会”亦同时召开。

5. 研制第一部激光雷达

1968 年，国防科委十五院副院长王大珩在上海召集了“激光雷达方案研讨会”。会前，王大珩认为自己提出的四个问题中的第一个，陈定昌工程组是无法解决的，所以已经内定由南京 14 所在加角反射器的前提下，承担激光雷达项目。根据王大珩的思路，南京 14 所做了一个方案，准备和陈定昌工程组竞争。

南京 14 所信心满满地来参加研讨会，但他们的方案有一个致命问题：民用飞机可以加装角反射器，可在战时，敌方飞机怎么会为我方加装角反射器？！

陈定昌工程组根据两年坚实的试验结果，设计了一个不加角反射器的完全反射方案。报告开始时，陈定昌对王大珩说："我先讲讲对于您提出的四个科学问题，我们的研究结果及解决方案。"待陈定昌把四个结果一一讲述完之后，王大珩有些意外地说："哦，研究得还是可以的嘛！"他略微思考了一下，进一步肯定地说："你们回答了这四个科学问题，你们可以做了。"肯定了陈定昌小组的方案后，王大珩意识到南京 14 所准备的方案已经没有讨论的必要了，他转身对 14 所的代表说："不用报方案了，你们算了吧。"会议就此结束。经过两年的努力，陈定昌小组终于得到了光学权威王大珩的认可。

从王大珩提出四个难以克服的科学原理问题，到他的一句"你们可以做了"，其间包含着陈定昌他们的坚韧不拔和巧思妙想。为此，王大珩对其他光学专家称赞道："陈定昌是光学能手。"同样，王大珩在面对年轻人解决了自己提出的四个难题后所表现出的胸襟及其对科学问题的把握，令人肃然起敬，使人不禁想起"海纳百川，有容乃大"的名言。

这次会后，陈定昌领导的"激光雷达项目组"正式成立，该项目被称作国家"159 工程"。为了做好这项工作，陈定昌联合了全国搞激光光学的 71 家单位开展合作，大张旗鼓地干了起来。

陈定昌及其工程组直接接受钱学森的领导，每年向钱学森汇报两次激光雷达项目的进展情况，到财政部去报销经费。

陈定昌和项目组长期在上海出差，工作和生活都非常艰苦。由于当时的差旅费标准低，他们住不起旅馆，只能跟协作单位协商住宿。上海有线电厂负责激光雷达电路，厂里匀出职工宿舍的一个小房间，给项目组临时住宿；上海光机所位于嘉定，离市区较远，便拿出一个实验室，在里面放上几张床，作为项目组在嘉定工作时的住所。生活上，项目组也没什么补贴，为了节省开支，他们没到工厂食堂吃饭，而是去里弄小食堂吃饭。2 分钱饭、2 分钱菜，加 1 分钱咸菜，经常 5 分钱就吃一顿饭。为了保证科研进度，需要找科研人员谈工作，一天时间里经常要跑五六家单位，常常是等回到住所，连里弄小食堂开饭的时间都过了，就只能饿一顿。项目组人员为了这项在心中分量极重的事业，不以为苦，反以为乐。

激光雷达工程进行到 1970 年时，二院技术工作负责人宋健（后任国务委员、全国政协副主席、两院院士）考虑到在该工程中负责“目标识别”项目的二院 207 所需要识别手段，便决定将激光雷达项目由二部交给 207 所研制。

按照二院领导的安排，陈定昌与 207 所人员交接了激光雷达项目，而后去接受新的任务。

207 所接受激光雷达项目后，开展了三年工作，最后转给安徽光电所。

尽管研制工作困难重重，激光雷达项目在当时仍取得了不少成绩：

一是建成了世界上第一部激光雷达样机，并在

1973 年进行的激光雷达跟踪飞行目标试验中，取得了跟踪 X 公里的成绩，证明了：激光雷达是能跟踪目标的，而且精度达到了数个［角］秒，与无线电雷达相比较，精度提高了 100 倍。这也证实了陈定昌在提出激光雷达项目时的论证。

二是用翔实准确的试验数据，突破了“四个科学原理”的限制，发展了中国第一部全反射式激光雷达，比美国林肯实验室领先了多年。

三是陈定昌在 20 世纪 60 年代激光雷达研制前期，就提出激光雷达具有目标增益的理论，并给出了准确的计算公式。美国人在 1980 年才证实了这个结论，比陈定昌晚了十多年。

陈定昌和同在激光雷达项目组工作的计世潘（后任二部研究室主任、“863 计划”某主题专题专家）回到二部后，按照领导安排接受了“某工程——激光武器”的抓总工作。陈定昌没有简单地应用行政手段进行管理，而是制定了中国第一部激光武器标准，采用以标准判断激光发生器选用的方法，体现了超前的现代管理意识。

6. 赴西南，勘察“大落区”

陈定昌等人在被宋健提议抓总激光武器一年后，又被任命为整个七机部“突防和识别”工作的负责人。根据对陈定昌的了解与信任，宋健把陈定昌从激光武器抓总岗位调到“导弹突防方案论证组”任组长。所谓“突防”是导弹应用技术手段突破敌方防御的简称。在此阶段，陈定昌制定出科学的“导弹突防方案”，得到了宋健的肯定。

“突防”方案制定后，下一步就是按照方案进行导弹实际飞行突防试验。试验需要一块足够大的场地作为“落区”（导弹发射后落地的区域，亦称靶区），为此，钱学森等人根据地图作业和空中勘察，初步确定了西南某处的一块区域。

仅靠空中勘察，落区的选择工作还不能最后落实，还需实地了解落区人口密度以及道路等情况。于是，由七机部系统和国防科委某基地人员共同组成了一支勘察队。按照领导安排，陈定昌担任勘察队七机部系统带队队长。

实地勘察是一件很艰苦的工作。导弹落区在西南地区，勘察队兵分两路，一路从四川过去，另一路从云南过去，最后两边汇合，其中四川这一路是大落区的主要所在地。陈定昌认为自己是七机部带队队长，应该多承担一些工作，便主动负责了四川这路。他们这队由六个人和两辆车组成，除陈定昌外，其他人员都是部队的同志。

一路勘察，不仅奔波劳顿，更是险象环生。陈定昌他们从大理出发，向着四川方向前进。公路质量非常差，坐在卡车车厢里的陈定昌忍受着剧烈的颠簸。经过几天行驶，他们到达了此行一个重要的途经地——磨盘山。面对这座高大山峰，部队一名团长的车在前，陈定昌的车在后，中午 11 点多时眼看就快要接近山顶了，突然一只野鸡从路边惊飞而过，前面的车停了下来，部队同志掏出枪去追赶野鸡，陈定昌的车也停了下来。野鸡三下两下地飞到前面一个山包的石头后面，团长他们赶紧围了过去，没有发现野鸡，却发现这个石头后面就是下山的坡路，非常之陡。趁着停车间隙，司机们开始检查车辆，做下山准备。一检查不要紧，陈定昌这车的司机发现方向盘左拉杆断了！大家都惊出一身冷汗，幸亏发现及时，下山时一旦车辆失控，车上人便很难生还。见此情况，大伙开玩笑说：“刚才那只野鸡是山大王派来救驾的，咱们大难不死，必有后福啊！”

接近大落区时，又碰上山体塌方，塌下来的碎石形成了一个堰塞湖，把原来的路给埋了。在当地武装部带队人员和民工的帮助下，勘察组用汽油桶做成漂浮体，把汽车渡到了对岸。队员们则冒着掉入堰塞湖的危险，从碎石岸边爬过堰塞湖。

乘车继续前进，不久后就看到了大落区。大落区是一面大斜坡，靠近勘察组这一边的海拔高度是 1500 米，远离勘察组那一边的海拔高度是 1900 米。整个斜坡约有200千米长、几十千米宽，看上去光秃秃的，一棵树也没有。到这个地方，车就不能再往上开了，只能骑马爬上山去。于是，勘察组下车，雇了马帮的几匹马开始往上爬。据马帮人介绍，勘察组面对的第一座山叫作“牦牛坪子”，爬上去后，翻过山梁再下去后，是很深的一道沟，过到沟的那边，又是一座山，叫作“毕基梁子”，再翻过“毕基梁子”就到了。依据原定计划，陈定昌这一路人马到了就可遇见从那边出发的另一队人马，此时整个落区勘察任务也就完成了。

这次骑马爬山，对勘察组所有人来说都非常难忘。勘察组雇来的马是些川马，个头很矮小，也没有马鞍子。勘察组就把大衣绑在马身上当作鞍子。上马的时候，部队一名参谋不要马帮人帮忙，而是自己跟着马跑几步，然后再往马背上跳，结果马受了惊，他也从马上掉下来，手里还拽着那件绑在马背上的大衣，被马拖在后面跑。当时的情况很危险，周围全是大石头，人如果撞到石头上就完了。受惊的马奔跑着从马队中穿过，把其他人也一个个地从马上撞下来。万幸的是，这位参谋虽然把脚崴了，其他人也被摔得浑身疼痛，但都无大碍。

一场混乱过后，大家定下神来再次骑上马。勘察组队员走的路是水冲出来的大沟，满沟都是洪水冲下来的石头。川马走这种路很有经验，它用前蹄敲敲眼前的石头，看能不能稳住，如果稳住了就会将前腿踏上去，后腿用劲，屁股一拱就上去了，然后再继续敲石，就这么一步一拱地向山上爬。马走得很有经验，可勘察组队员并没有骑马的经验。因为没有脚蹬子，他们在马上骑不住，就使劲抱着马脖子，这样一来影响了马的呼吸，导致马没有了力气，很容易出危险，马帮人赶紧提醒大家放松。就这样整整爬了一个上午，终于到达一个山口，大家这才松了一口气，再看看自己的两条腿，因为在马上夹得太紧，大腿内侧的皮肤都磨破了。

从山口向前看去，那里完全是一个新的世界，整个牦牛坪子上面是一个巨大的平坝子（西南地区称平地为坝子），这个平坝子上居然还有一个招待所，里面只有三人：会计和他的老婆以及孩子。

原来这个招待所是过往人员从深山出来中转住宿的地方，平时没有多少客人，这家人就养了群羊，再采些草药，方圆 150 千米就是他们一家三口的世界，生活很艰苦。吃晚饭时，勘察组打开了一盒猪肉罐头，引得那家人围在旁边看，觉得非常新鲜，因为他们从来没有吃过。晚上休息时，陈定昌回忆起几天来的经历，心中感触颇多：中国社会主义建设真不容易，东部沿海地区和西部地区的差距实在太大了！

勘察组休息了一天，第三天又从“牦牛坪子”

向“毕基梁子”进发。这次要走一个断壁，沿着断壁上的“之”字形小路向下走，路宽约 1 米，路外是上千米的落差，大家从未走过这样的险路，根本不敢向断壁下看。经过 6 小时的艰难跋涉，终于下到了平缓坡地。由于紧张，大家走得腿都抽了筋，最惨的是那个崴了脚的参谋，这么窄的山路，大家也没法帮他，下得山来，他就再也走不动了。

晚上露天宿营，大家轮流值班。轮到陈定昌站岗时，他看到周围各种野兽的眼睛亮得像盏小灯笼，还不时发出令人胆战的嚎叫声……部队的枪在这时起到了壮胆的作用。

第二天早上，那位参谋崴了的脚肿起来好高，再也走不动了。队伍无法按照计划继续走下去，原路返回成为唯一的选择。就这样，崴脚的参谋骑着马，勘察组重新翻过“牦牛坪子”，所幸的是，大落区已勘察完毕，各种测量点也已确定下来，结论是落区能够满足试验要求。

这次任务时间虽不很长，但给陈定昌留下的印象很深，作为一个城里长大的知识分子，他体验了断壁上走一遭等种种经历。想起李白当年由陕西入四川，见到剑门关时曾感叹:“噫吁嚱，危乎高哉！蜀道之难，难于上青天……”试想，假如李白再从云南入一次四川，又会作何感想?

回到北京后，陈定昌写了一份有关大落区的报告，并把勘察时绘制的图纸附在里面，第一次勘察任务圆满完成。本来还要再复查一次，但按照上级安排，陈定昌赴河南进行了为期一年的“五七干校”劳动锻炼，第二次复查未能成行。

陈定昌

陈定昌院士传记

Academician Chen Dingchang's Biography

第三章

勇于担当 助推二院返地空

陈定昌潜心研究国外动态，发表了影响国防科研发展方向的文章；当国家进行重大国防科研方向调整、二院及二部任务严重匮乏之时，陈定昌勇于担当，助推二院重新返回地空导弹研制战线。

1. 某工程下马了

1972 年年底，经过近一年的“五七干校”生活，陈定昌回到北京，重新进入某工程的工作中。

二部任务从原来的兼顾地空型号完全转到防御工作上来，与地空导弹有关的工作全都交给了上海的科研机构（后来成为八机部的一部分）。从 1969 年开始，地空导弹资料成麻袋地被陆续运到上海，其中包括陈定昌等人写的抗干扰报告及资料，之后如果有单位或个人要用到这些资料，也只能到上海去找。

某工程是一个庞大的系统工程，二部在整个工程中负责总体工作。

就在陈定昌等人从“五七干校”回到二部时，工程中难度最大的问题，即“目标识别项目”研究开展得很不顺利。所谓“目标识别”就是在诸多的来袭飞行体中识别出真正的来袭弹头，限于当时的识别技术，这个项目难度极大。

由于“目标识别”和各种空天防御技术的关系就是“识别”和“拦截”的关系，这个项目开展不起来，各种防御方式都会面临着可能错误拦截假目标的危险，而一旦形成这种局面，就会因来不及进行补救而使我方遭受敌方核弹头的毁灭性打击。

承担“目标识别”任务的是 207 所。当陈定昌结束干校锻炼后，二部主任吴展决定由他来负责“目标识别项目”的总体工作。从 1973 年开始到 1975 年，陈定昌参与了“目标识别项目”，并分别和黄培康、陈跃宏、陶巍以及阮文杰等人完成了“目标特性测量雷达规划论证工作”“综合实验靶场建设规划”以及“目标特性测量雷达”总体方案论证与技术报告等研究。

陈定昌在按照吴展安排进行“目标识别项目”总体工作的同时，还负责新途径探索工作。

国际上，导弹防御技术发展在 1975 年年底出现了一个新的转折：1975 年之前，世界上导弹防御技术发展最快的美、苏两国，就有关导弹防御问题达成协议：双方共同限制导弹防御规模，各自先建设一个导弹防御系统。苏联根据这个协议，建设了导弹防御“莫斯科防区”，以保卫首都。美国则把重点放在二次还击能力建设上。为了保证当受到敌国突发而至的第一次核打击时，本国的核力量不被摧毁，美国投入了大量经费，于 1975 年建成了“大福克斯卫兵反导系统”。但匪夷所思的事情发生了，“大福克斯卫兵反导系统”建成后不到六个月，美国突然宣布关闭了这个系统。

吴展首先注意到了美国的这个变化。1975 年年底，他找到陈定昌说：“美国人在导弹防御技术上搞得最先进，比苏联还先进，可是搞好的‘大福克斯卫兵反导系统’不久就关了，难道美国人彻底停止了导弹防御系统研究了，还是又有了什么新招儿？你去找找资料，看看究竟是怎么回事。”接受了吴展主任的任务，1976年一整年，陈定昌停下了手头上别的工作，专门查阅有关导弹防御方面的资料，看了美国100多种杂志，翻阅了关于化学、力学、光学等方面的各种刊物。陈定昌潜心钻入情报资料馆，大海捞针般地找寻有关美国导弹防御情况的蛛丝马迹。这一年研究下来后，让陈定昌大吃一惊：美国人虽然关闭了“大福克斯卫兵反导系统”，但却并没有停止对导弹防御技术的研究，他们已经走向了新的道路，这条道路就是美国人后来搞的“动能反导”。陈定昌出色地完成了吴展交给的任务，搞明白了非常重要的两件事：一是美国人为什么关闭“大福克斯卫兵反导系统”，二是美国人结束以核反核后将走向何方。

当时，美国的杂志上虽没有明确说要搞“动能反导”，但美国人的所有技术及其所做的一些实验，都是朝着这个方向发展的。陈定昌的研究揭示了美国的真实情况，美国人的分析已经很清楚地说明，以核反核实际是一种“杀敌八百，自伤一千”的不可取做法。于是，陈定昌在研究的基础上撰写了一篇文章，题目是《××防御的发展趋势》。

文章首先总结、介绍了国际上反导技术发展的总体情况，然后重点分析了以核反核（用核导弹去拦截核导弹）方案存在不可避免的重大问题，即从发现敌方核导弹到形成拦截，地点实际是在拦截国的本土上空，这样造成的严重后果是，自杀伤效应非常严重。百万吨级的核弹在高空爆炸后，核电磁脉冲范围可达几千千米直径，造成自己所有电器设备被破坏，其中包括雷达设备。再进一步的恶果是，由于没有了雷达，也就丧失了制导能力。美国人估算了维护“大福克斯卫兵反导系统”所花的钱比建立该系统还要多得多，他们很实际，既然已经没有用了，因此就关闭掉。文章的结论是，要发展新型防御，走新的途径，抛弃“以核反核”。

陈定昌所写文章发表在1978年1月《战略防御》期刊上。当期《战略防御》期刊共有两篇文章，整期刊物的主要篇幅为陈定昌的这篇论文。文章发表后，在国防系统内产生了很大反响，国防科委科技委副主任朱光亚认真看完此文章后，赞同文章里的主要观点。后来，国家决定取消正在准备立项和上马的项目。

《二院院史》对某工程做了如下总结：“我们中国这样一个大国，对防御系统进行研究探索是必要的，但应有科学的实事求是的态度。根据我国当时的科学技术水平、经济条件和战略需要，只能是在充分论证的基础上，有目的、有计划、有步骤地开展基础技术和设备的预研和攻关，而没有条件进行武器研制，更不要说防区建设了。那种急于求成，全面铺开，企图一步登天，脱离实际地提出‘三年赶、两年超’‘一年一个型号，四年建成防区’等不可能实现的口号，必然会给研制工作带来极大的混乱和难以克服的困难，最终不得不中止研制。这些教训，是值得我们永远记取的。”

2. 力促“红七”上马，二院重返地空线

从1965年进入某工程，到20世纪80年代初该工程全部下马，陈定昌用

自己职业生涯中近四分之一的时间，经历了这一工程的大起大落。在下马前，二院作为工程的主要承担单位，在国家具有重要战略地位，但随着该工程的下马，二院便失去了支撑性任务，地位也随之一落千丈。

位卑未敢忘忧国。面对此种形势，只是一名普通技术人员的陈定昌也在苦苦思索，二院究竟该向何处去？

此时，恰好抓住七机部四院机构调整的机会，二院领导把四院四部及其正在研制的“巨浪一号”项目极力争取到二院来，四部到二院后，与26所合并成立了新四部，二院转而开始研制潜地导弹，维持了战略型号院的地位。但是，院内大多数单位仍然没有改变任务匮乏、无事可干的状况。

二部作为总体部，是二院的龙头单位。主任吴展出于责任心，认为这种状况不能长此以往下去，就找人商量，寻求解决问题的途径。陈定昌曾很好地完成了他所提出的某工程发展方向的研究，并且得出了正确结论。因此，吴展又把陈定昌找来，给他出了个题目：“你说说，现在这种情况，二院应当往哪里转啊？”吴展提问题的基本想法是：总体部不能让大家没饭吃。

陈定昌因为写了《××的发展趋势》一文，在某工程下马后也一直在思考发展方向的问题，于是他将自己的想法和盘托出：二院在历史上就是以地空导弹武器研制为主的单位，这方面有着得天独厚的优势，因此，现在组织力量转回地空武器研制战线是一个好的发展方向。具体建议有两条，一是重返地空线，开展地空导弹研制，但暂时还没有具体项目；二是搞反坦克导弹研制，理由是中国三北地区与苏联关系紧张，苏军坦克部队大兵压境，一旦发生武装冲突，我军必将采取反坦克战。因此，我们应该搞超视距反坦克导弹，打击苏军装甲部队的第二梯队。听完陈定昌的两条建议后，吴展感到很有道理。

陈定昌的这两条建议，探索了二院在某工程下马后的发展方向。多年后，《二部部史》在对这一转型期的总结中指出：“尖端”和“常规”分家的做法（“尖端”

和“常规”分别是指某工程和战术导弹。——作者注），对发展我国武器事业是不利的，分散了研制技术力量，割断了“尖端”和“常规”武器的联系和继承，不符合科学发展规律；既使得“尖端”上不去，也使得“常规”发展缓慢，丧失了资金，也丢失了宝贵的时间；应该突破“尖端”和“常规”界限，走“尖端”和“常规”结合的道路……根据今后我国反侵略战争的主要形式是反飞机和反坦克，二部应该在这两方面作出自己的贡献。今天重温这段记述，再次回顾二院在最近30年中快速发展的历程，证明了陈定昌当时在二院发展方向上所作出的思考是正确的。

可是，仅有一个好的想法还不够，二院想返回地空线，当时面临的主要难点是：国家曾就七机部、八机部的任务做过分工，二院想回来搞地空武器型号，首先要突破这个分工所造成的屏障。

此时恰好出现一个契机：国际上一些发达国家针对苏联萨姆-2导弹的高空打击，通过解决飞机结构、防热、材料等问题，实现了低空突防，最低飞行高度仅为50米。欧洲某国设计生产了一种低空导弹，专门打击低空飞机，定位为第二代地空导弹。而此时我国地空导弹的最低射高为3000米，无法对新型飞机形成打击。1978年9月，在打U-2高空侦察机中与二院结下深厚战斗友谊并熟悉二院情况的空军副参谋长文绶，给二部主任吴展写了一封信，试探性地问道：二院能否进行该低空导弹的仿制？吴展把这封信拿给陈定昌看，并问他，该项任务能不能接？陈定昌肯定地说："要接！如果空军这个任务让我们干，二院正好可以借此机会返回地空导弹战线，目前国际上正在发展第二代地空导弹，我们回去后就从第二代起步。"吴展非常赞同陈定昌的想法。

回归地空线的机会出现了，但由于国家已将二院发展定位于战略武器研究，而地空导弹属于战术型号，这又存在如何争取上级支持的问题。于是，陈定昌想到去找二部科技处处长杨汉华（后任二部副主任，航天部708所所长）商量此事，建议他找机会将此情况向上级汇报。杨汉华想了想说："我有个同学在国防科委科技局工作，正好分管国防科研发展工作，我们可以去找找他。"陈定昌听了很兴奋，觉得这是个好机会，连忙说："你带我去，咱们向他汇报汇报。"杨汉华欣然应允，和陈定昌一起到国防科委科技局见到了他的同学张局长，张局长又叫来相关人员一起听汇报。

陈定昌向他们介绍了二院的现状和想法：中国的地空导弹不能总是停留在中高空领域，应该抓紧时间把第二代防空导弹搞起来。二院这批人的力量还是比较强的，目前也没有任务，空军也希望二院搞第二代防空导弹，请上级机关考虑让二院返回地空导弹战线，抓住这个机遇。张局长他们听后觉得很有道理。陈定昌接着又介绍了想搞反坦克导弹的事情，说明这也是国家急需。张局长认为这个项目同样很好，表示这些事由他们来打报告，向军委领导提出建议。

很快，国防科委科技局的相关报告递交上去，送到了张爱萍副总参谋长的桌上。张爱萍作为军中一名"儒将"，在"文革"之初就被打倒，经历了万人批判大会，此时是第二次复出。虽然经历了两次被打倒，但张爱萍并未因此失去锐气，仍是一副"于万军之中取上将首级"的果断。他审阅了科技局的报告后，觉得很好，马上指示：听听汇报。接下来，陈定昌他们接到通知，到军委办公地“三座门”向张副总长汇报。由于当时只是想向上面反映二部的想法，因此汇报的事并没有跟部院打招呼。但去之前，陈定昌、杨汉华找到曾任二部副主任的二院副院长陈怀瑾，邀请他一同前往。陈怀瑾也觉得这是件好事，便欣然同意。

在去“三座门”的路上，三人商议了如何汇报并进行了简单分工：他们给地空仿制型号临时起名为“红旗七号”，陈怀瑾提出自己对地空导弹比较熟悉，由他来作主汇报；反集群坦克导弹（立项后命名为“红箭十号”），由陈定昌作主汇报。汇报效果很好，张爱萍副总参谋长完全赞同他们的想法，当即拍板说：“很好，给你们1200万，其中700万用于地空导弹，这个东西有蓝本，可以上型号，搞功能性仿制；反集群坦克导弹给你们500万，先探索，国家也需要。”

一下子立起来两个项目，陈定昌他们高高兴兴地从“三座门”回到二院。之后，二院组织各个厂、所一起开会协调，确定了两个型号的负责人：“红旗七号”由陈怀瑾负责抓总；“红箭十号”由二部抓总，因项目是陈定昌首倡的，尽管当时他在二部尚未担任领导职务，仍然确定由他负责“红箭十号”的预研工作。

接下来，陈定昌在二部领导的安排下，参加了“红旗七号”和“红箭十号”的论证，写出了《远程反集群坦克方案设想》的论证报告，并多次随同二部领导向科装办、炮兵、国防工办和总参装备部等上级部门进行汇报，最终得到了各个方面的认可。

此后，审批程序按部就班地进行。1979 年 10 月 12 日，八机部正式向张爱萍副总长、军委科装委呈报了《关于机动式防空导弹研制任务安排的报告》，建议“红旗七号”研制任务由七机部二院承担。11 月上旬，七机部向张爱萍副总长、军委科装委、国防科委呈报了《关于我部承担红旗七号地空导弹研制任务的报告》。紧接着，空军向军委科装委呈报了《关于申请由七机部研制红旗七号地空导弹的请示》，建议将“红旗七号”研制任务批给七机部。至此，二院返回地空线已呈水到渠成之势。

1980 年 3 月 1 日，二院二部、23 所、25 所和 706 所联名向张爱萍、刘华清副总长呈报《关于承担红旗七号研制的请示报告》，阐述了二院完全有条件和能力承担“红旗七号”研制任务的理由和决心，希望将“红旗七号”研制任务下达给二院。

3 月 7 日，刘华清副总长在“三座门”主持召开了由国家计委、国防工办、财政部、国防科委、空军、七机部、八机部参加的会议，听取了二院关于研制“红旗七号”准备工作的汇报，并正式传达了张爱萍副总长的指示："'红旗七号'不再变了，基本按'某样机'的路子走。这个任务确定七机部搞。"

3月20日，二院副院长陈怀瑾主持召开会议，决定成立"某样机"接装和操作班子。5月底，空军和七机部在空军5所向二院移交了全套引进的"某样机"及资料。

7月16日，"某样机"分解工作开始进行。这是"红旗七号"研制任务的第一场战役，由于危险极大，所有参加分解工作的人员都是抱着"一不怕苦，二不怕死"的信念投入其中。至8月2日，经过17天的分解工作，"某样机"导弹分解首战告捷，导弹被分解为仪器舱、战斗部、发动机和尾舱四大部分。在导弹分解过程中，参加人员积累了大量的原始数据，摸清了许多技术问题。

二院这列庞大的火车，在部分停驶近两年后，又缓慢而有力地开动起来。

3. 当上研究室代主任

1980年4月，国务院、中央军委下发《关于下达红旗七号低空防空导弹研制任务的通知》(简称91号文件)，标志着二院正式回归地空导弹研制战线。

一年多后，国防口又发生了一件大事：1981年9月7日，国务院、中央军委决定七机部、八机部合并，组建新的七机部。1981年12月，国务院、中央军委下发通知，决定由七机部二院负责地空（舰空）导弹武器系统的技术抓总工作。上述决定和通知进一步确立了二院研制地空武器型号的抓总地位。二院从此真正从某工程下马，高调返回地空导弹研制战线，由此有了一个长期发展的平台。

这一时期，"某样机"的导弹及操控资料由空军交付给二院。为加强"红旗七号"研制工作，1980年5月，七机部党组任命二院25所所长钟山（后任二院副院长，当选为中国工程院院士）为总设计师、二部主任方辉煜（后任二院副院长）为第一副总设计师。

5月，陈定昌所在的二部四室主任吴北生，升任二部副主任，四室主任空缺。二部党委在考虑四室主任人选时认为：四室人才济济，不乏技术尖子，但是室主任一职应由对研究室发展有想法的人来担任，以带动该室向前发展。于是，陈定昌从几个候选人中脱颖而出，被任命为副主任并代主任。同样是在这个月，经王占成、袁起介绍，陈定昌光荣地加入了中国共产党。

虽刚刚步入室领导岗位，但陈定昌对于如何带领四室完成好科研生产任务已经成竹在胸。四室专业门类较多，分为五个工程组，其中有以“某样机”接装队队长王柳川为组长的“红七”组；有以袁起为组长，以发展精确制导为方向的“毫米波”组；有陈定昌曾任组长的“激光、红外”组。对这些组的专业，陈定昌都比较熟悉，以往在学校学习和工作的历练，加上他所具有的激光雷达项目及几次担任课题组组长的经验，都对做好室主任工作很有帮助。

担任室主任后，陈定昌又担任了“红旗七号”制导系统主任设计师，同时担任了“红箭十号”领导小组成员。“红旗七号”这个重要型号的研制是陈定昌这一时期工作的重中之重，“某样机”的第一步工作，就是要弄清楚它的战术技术指标。这一时期，陈定昌既要做主任设计师，又要做好室主任的工作，尽心竭力，废寝忘食，每天都工作到很晚才回家。

经过对“某样机”制导站资料的认真研究，陈定昌认为，该兵器操控使用说明书写得很好，但要深入了解这种导弹的性能，只有通过外场校飞和性能测试试验，才能真正摸清楚它的战术技术指标，为后面实施功能性仿制打下坚实的基础。于是，在钟山总师的领导下，陈定昌组织人员进行了遥控应答机挂飞设备和站测录取设备研制，又带队进行校飞试验，获得了目标跟踪精度和目标—导弹相对跟踪精度的数据，并将此校飞方法总结固化为我国后来制导站校飞的主要方法。这些工作为“红旗七号”实施功能性仿制，确定武器系统方案和主要战术技术指标，奠定了重要的技术基础。

陈定昌善于调动全室人员的积极性，提出“工程靠集体”的口号，并创造条件为那些愿意干事又能干事的人员提供施展的舞台。据不完全统计，在他任四室主任期间，该室成员后来走上领导岗位的有多人：袁起（后任二部主任、院科技委副主任、总装专业组组长）、陆怡放（后任 8511 所所长）、刘鲁勤（后任二院 25 所副所长、型号副总师、863 专家组专家）、陈国新（后任二部副主任、型号总师、院科技委副主任）、陈训达（后任仿真中心总师）、李玉亭（后任航天工业总公司民品司副司长）……陈定昌的工作，得到了全室同志的积极支持，四室顺利完成了遥控应答机挂飞设备和站测录取设备的研制。当年和陈定昌一起在四室搭档的赵福元（四室指导员，后任二院工会主席）和王占成（后任指导员、二部纪委书记），说起与陈定昌在四室共事的经历，都用“合作得很好”作为评语。

4. 受到贵宾礼遇

1981 年 10 月，陈定昌在担任二部四室副主任并代主任一年后，以出色的表现被正式任命为四室主任。接着，二部党委又做出了培养陈定昌到二部层级工作的安排，并进行多岗锻炼，1982 年将他从四室主任调任一室主任。

1982年10月，陈定昌（左）在二部主任方辉煜（右）办公室研究汇报工作

一室是二部的总体室，负责导弹武器系统和导弹总体设计。这次，陈定昌离开了自己熟悉的专业，进入到一个新的专业领域。陈定昌接任的是导弹武器系统主任设计师工作，之前，他承担了“红旗七号”制导系统和武器系统两个系统的主任设计师，加上“红箭十号”研制工作，又同时担负两个型号的研制任务，名副其实是个“重任在肩的人”。

一室的重要工作仍然是抓“红旗七号”研制。面对研制进展一度徘徊的状况，如果能够进行实弹打靶，就能尽快搞清这种导弹的性能。钟山总师想出一个“把被引进国在用的低空导弹运到中国来，让他们在我们的靶场打打看”的办法。1981 年，二院向上级机关提出，为了尽快吃透“某样机”，加快研制进度，建议进行一次中外联合打靶。同年 7 月，总参谋部和国防科委组成的装备组在访外技术会谈时提出此建议，外方很感兴趣。事后，外方派空军高级将领与中方进行实质性商谈，开始了联合打靶的准备工作。

1982 年 3 月，总参谋部和国防科委就此事给中央军委的请示报告中指出：联合打靶对我们正在研制的“红旗七号”防空导弹是有利的，同时对被引进国也有好处。中央军委批复上述报告后，二院便开始积极准备，二部利用引进的蓝本样机，就联合打靶的试验方案进行了检飞验证，包括试验软件和接口关系的验证，以及电视自动跟踪试验、抗干扰试验和地空性能试验等。陈定昌主持并完成了此次验证试验。

1983 年 3 月，陈定昌与钟山总师前往被引进国商谈联合打靶事宜。走之前，方辉煜主任通知他将到二部任职。从国外出差回来后，4 月，陈定昌被任命为二部副主任。

被引进国因缺少靶场条件，低空导弹自购入后并未打过实弹，很愿意与我方开展联合打靶。在合作意向的基础上，钟山总设计师率队前去谈判，两国决定于 1983 年 5 月前后进行联合打靶，定名为“835 试验”。

1983 年 4 ~ 5 月，由陈定昌带队，利用“某样机”的搜索指挥车和发射制导车等，二院在机场利用蓝本样机组织了校飞试验，进一步做好了联合打靶的技术准备。试验内容包括兵器通信、指挥、作战装备操作，作战兵器精度和测试方法，检验修改后的软件以及作战兵器的数字处理方法等。1983 年 6 月，中外双方在我空军基地联合进行样机打靶。试验装备由外方带来，钟山任试验队队长、方辉煜为副队长。这次打靶暴露出了重大问题，样机 6 次拦截 5 次失败，外军打了 5 发弹而 1 发未中，全部打飞；我方打了自己的 1 发弹，打中目标。

根据钟山总师关于“问题出在导弹上，二部应组织分析”的指示，陈定昌被任命为故障分析组组长。他带领二院有关人员进行了现场分析。试验中有 1 发弹打出去不远就扎到田埂上，从其外观上看，发动机还没烧完就发生了爆炸，而发动机内部呈鱼鳞状，说明是震荡燃烧，而只有发动机出现裂纹才会引起震荡燃烧。再把有些导弹分解开来看，发现里面的电池都“流汤”了，可以肯定电池长时间没有更换过，可见其疏于维护。此外，还发现导弹遥控应答机的译码器也存在问题。10月，陈定昌与同事杨存富(后任型号副总师、全国政协委员)等前往被引进国，将外军导弹弹上电池、固体发动机、遥控应答机故障模式等分析结果向外方进行通报。

陈定昌率领的专家组到达该国，受到了该国贵宾般的接待，专家组所乘车辆前后都有开道车迎送，车上站着军人，一直护送他们至下榻的宾馆。这件事使陈定昌感受到中国国防科技工作者在国外受到的尊重。外方将问题导弹全部返回制造国进行维修。1985年，中外双方再次进行联合打靶试验，首发即成功

陈定昌(右二)与“红旗七号”研制团队的战友们在一起(左一为李信东，左二为钟山，左三为张授书，右一为王泽厚)

击落靶机，受到外军好评。

通过“835试验”，二院摸清了该样机性能，认识到对事物的了解就是一个从具体到抽象的过程，深化了对样机功能仿制的认识。“835试验”对于样机的功能仿制意义深远，自此，“某样机”仿制工作，在联合打靶后开始加速。

5. 未挂名的副总设计师

1983年5月，二部方辉煜主任被任命为二院副院长，二部主任由吴北生接任。与此同时，吴北生接替方辉煜担任“红旗七号”第一副总设计师。1984年10月，吴北生调到二院科技委工作，陈定昌接任二部主任。

当时，“红旗七号”是二院最重要的型号任务之一。按照惯例，总体部主任是“红旗七号”总师的第一助手，换言之，“红旗七号”第一副总设计师应由现任二部主任担任。因此，当任命陈定昌为二部主任后，院党委便遇到了是否更换“红旗七号”第一副总设计师的问题。

一天，二院院长刘从军与陈定昌谈起吴北生的工作安排问题，陈定昌主动表示：吴北生同志人品、技术都很好，担任过二部主任，建议院里任命他为院科技委副主任；至于在“红旗七号”中的位置，自己还是继续担任武器系统主任设计师，把第一副总设计师的位置继续留给吴北生同志，让他在技术上有一个更好的发挥空间。陈定昌同时表态：请院领导放心，自己虽然不担任第一副总设计师，但工作会照样干，绝不会因没有挂副总设计师的头衔而影响自己应该承担的责任，“红旗七号”的研制，绝不会在二部耽误。因此，吴北生继续担任“红旗七号”第一副总设计师的职务。

在其后的“红旗七号”研制工作中，陈定昌扎扎实实地兑现了自己的承诺。作为二部主任，他带领二部科研人员，克服重重困难，完成了“红旗七号”武器系统、制导控制系统、导弹总体及结构设计、通信、数传、遥测系统以及综合测试设备研制设计中的大量技术协调、攻关和试验工作。

陈定昌亲自提出“红旗七号”抗干扰方案思路，在他的领导下，吴欣等同志对武器系统各无线电环节进行了分析并组织国内首次研制出地面干扰模拟器，验证了 F 车能跟踪杂波源，并获得导弹支路在杂波干扰下，S/N 接近 1 时的跟踪精度。“红旗七号”武器系统抗干扰研究获得了部级二等奖，陈定昌排名第一。

陈定昌组织完成了样机反设计工作，并组织撰写了《红旗七号制导系统方案设计报告》。他还亲自参与了“红旗七号”制导系统和武器系统的具体研制工作与技术协调工作，并组织撰写了相应的技术报告。

虽然身为二部主要领导，但陈定昌总是身体力行，始终工作在一线。他曾多次进入位于祖国大西北的戈壁试验场。戈壁滩上条件恶劣，试验队员们风趣地编了一首顺口溜：天上无飞鸟，地上不长草；沙飞天地暗，风吹石头跑。大家顶风沙、曝烈日、战寒风，攻坚克难、排除险情……

在担任“845 试验队”队长期间，陈定昌组织完成了遥控应答机高塔对接和直升机载控飞试验，解决了试验中出现的不匹配等技术问题。

在“273 试验”中，他担任试验指挥，成功组织了首发闭合回路弹轴向射击飞行试验。这次由研制单位自行组织的小靶场导弹飞行试验，受到了七机部领

陈定昌（中）等在“红旗七号”试验现场留影

陈定昌等在“红旗七号”试验现场（从左至右：陈定昌、沈忠芳、钟山、吴北生、陈金坤）

导的好评。

在“373 试验”闭合回路三发弹失利的情况下，陈定昌被任命为系统攻关组组长，解决了初制导、制导精度、状态变换、轴系调整精度等关键问题，并在随后的“274 试验”中取得了全武器系统飞行试验“三发三中”的优异成绩。1987 年 2 ～ 4 月，在西北试验场进行“红旗七号”研制阶段的最后一次试验，全体试验队员冒着零下 15℃的严寒，顶着六七级狂风，很多人甚至发着高烧坚持工作，最终打出了“三发三中”的好成绩。当最后一发弹准确击中靶机时，空军高炮部田在津部长流着泪激动地将陈定昌紧紧搂住，由衷地说：“谢谢你们为部队研制出这样好的武器！”

钟山总师在总结此次试验时激情洋溢地说：“试验能取得这样可喜的成绩是超出我们预料的，它说明 7 年来我们为之付出的心血和汗水没有白流，它打消了人们的疑虑和担心，更加坚定了我们的研制信心。事实证明，‘红旗七号’所走的研制道路是成功的！”

在“红旗七号”研制过程中，钟山、陈定昌等人所带领的试验队伍就像一支前进在戈壁上的驼队，瀚海茫茫，寂静寥廓。无论道路多么漫长、坎坷，驼队始终怀着坚韧和执着，默默地跋涉。从 1980 年 4 月开始，到 1988 年 6 月设计定型试验结束，前后经历了 8 年的艰苦过程，被称作“8 年抗战”。整个研制工作经历了方案论证、试样研制、系统试验和设计定型等四个阶段，先后进行了模型遥控弹、独立回路遥测弹和战斗弹等五种状态大型外场试验 11 次，共发射导弹 40 发。在武器系统试验中，陈定昌还曾多次担任现场指挥，协助总设计师控制现场技术状态、协调解决技术问题，根据站测、遥测 5 分钟判据，作出是否连续飞行试验的决策。在“红旗七号”定型试验中，取得了国内首次拦截超低空、大机动靶机和双目标的好成绩。

1988 年 4 月，胡杨树吐出点点嫩芽，给寒冷的戈壁带来春的消息。27 日，二院在西北发射场进行“红旗七号”定型试验，中央军委、总参谋部、总后勤部、国防科工委、空军以及航天工业部多位领导亲临现场观战。成败在此一举。关于这次试验，二院《新宇报》有一段精彩的文字记述：

“下午，原是有些晴朗的天气，忽然乌云密布，随之又刮起了大风，19点，风速已达到每秒13米，天气也变得越来越昏暗。试验队队长、总设计师钟山，副队长陈定昌、黄槐（23所副所长）等同志，望着翻滚的云层，表情严峻。不少同志在担心，这种天气能打吗？

20点50分左右，‘砰！砰！砰！’三发红色信号弹升上天空，要打了！人们的眼里闪出兴奋的目光。

……阵地上观看的人们，听到了靶机越飞越近的报告声，望着战车上随着目标移动着的发射架，不见发射，心情格外焦急，觉得时间过得是这样慢，一秒钟都显得那样长。突然，人们看到，筒弹的前盖抛出，然后，随着一声巨响，炽热的火焰喷出，导弹如一道闪电，直射长空。……靶机似乎还在爬高，导弹奋起直追，经过两次漂亮的爬高，直奔目标。突然，靶机以每秒240米的速度来了一个急速水平转弯，由原来向西飞，转向南飞。有同志骂道‘真狡猾’，也有同志大声喊着‘加油’，为导弹助威。瞬间，随着‘轰’的一声巨响，靶机的尾部冒起滚滚的浓烟，如同一只断了线的风筝，摇摇晃晃地直往下栽，火焰映红了整个机身，站在阵地上的人们看得清清楚楚。'轰'又一声巨响，靶机坠落在离发射阵地南约1千米的地方，碎片横飞，蘑菇云状烟雾腾空而起，场面极其壮观。'打中了！'人们欢呼起来，阵地立时变成一片欢乐的海洋，握手祝贺的，相互拥抱的，有的人流下了激动的热泪。"

6. 鲜花曾告诉我你怎样走过

鲜花曾告诉我你怎样走过，
大地知道你心中的每一个角落，
甜蜜的梦啊谁都不会错过，
终于迎来今天这欢聚时刻。
……

1990年2月2日，国家航定委召开第47次会议，审议"红旗七号"设计定型。会议在听取了钟山等人对"红旗七号"技术鉴定、研制和试验情况的汇报，审查了有关定型文件、鉴定结论后，同意该武器系统设计定型，并上报国务院、军定委审批。

12月18日，国务院、军定委批准《红旗七号武器系统、红旗七号制导站设计定型》。

1990年5月，陈定昌被任命为航空航天工业部二院副院长，同年11月，又被任命为航空航天工业部二院院长。

1991 年 2 月 6 日，二院受航空航天工业部委托，召开“红旗七号”设计定型庆祝大会。国防科工委副主任谢光、总参装备部及各军兵种、航空航天工业部、国务院各有关部委机关、二院，以及 40 多个配套厂家的领导及科研人员共千余人参加了会议；国务委员、国家科委主任宋健为会议发来贺信和题词，国防科工委主任丁衡高、副主任谢光，航空航天工业部部长林宗棠等为“红旗七号”定型题词；会议还给参加协作的 40 多个配套生产单位赠送了锦旗。

1992 年 11 月，“红旗七号”获国家科技进步奖特等奖。12 月 11 日，在人民大会堂召开的全国科学技术进步奖颁奖大会上，中共中央总书记江泽民与陈定昌院长、钟山总师亲切握手。

1993 年 3 月 1 日，二院在人民大会堂隆重召开“红旗七号”荣获国家科技进步奖特等奖颁奖庆祝会，国务委员、国家科委主任宋健，总参谋部副总参谋长曹刚川、国防科工委副主任谢光等应邀参加会议，国家计委、机电部、航空航天工业部及空军等单位的领导，二院和各协作单位的代表参加了会议。陈定昌院长主持会议，钟山总设计师讲话。会议宣读了获奖人员名单，向获奖人员颁发了奖章和证书，并为 40 多个配套研制生产单位颁发了特等奖奖状。

“红旗七号”的研制成功，标志着我国完成了第二代防空导弹武器系统研制。“红旗七号”总体性能达到国外同类产品水平，某些技术还优于蓝本样机。其一系列高、精、尖技术都上了一个新台阶，在系统设计技术、仿真和软件设计技术、小型化导弹发射技术、自动化维护检测技术、脉冲多普勒雷达技术、高精度单脉冲跟踪雷达技术、红外技术、计算机技术、遥控技术、电驱动轮式装甲车技术等各个方面都有新的突破，共攻克较大关键技术 45 项，关键工艺 87 项，关键元器件、原材料、机电产品 500 多项，获得航空航天工业部部级科技进步奖 178 项。

“红旗七号”的研制成功，不仅为改善部队装备，加强我国防空力量作出了重要贡献，同时还培养和建设了一支能打硬仗的防空导弹研制队伍，标志着我国防空导弹研制发展进入到一个新的阶段。

作为在“红旗七号”研制过程中作出突出贡献的个人，陈定昌在国家颁发的科技进步奖特等奖中排名第二。

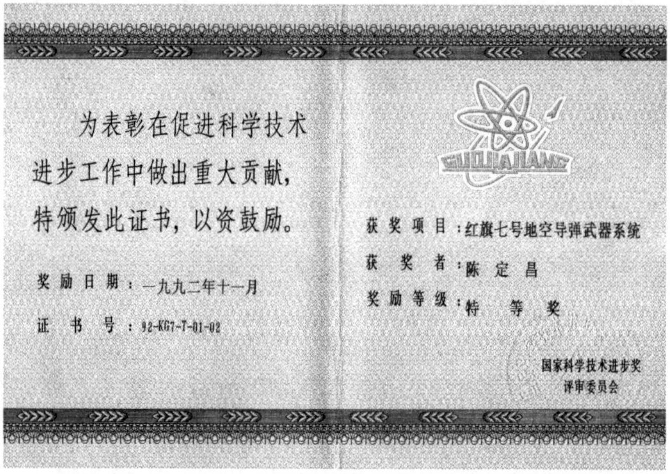

为表彰在促进科学技术进步工作中做出重大贡献，特颁发此证书，以资鼓励。

奖励日期：一九九二年十一月

证书号：92-KG7-7-01-02

获奖项目：红旗七号地空导弹武器系统

获奖者：陈定昌

奖励等级：特等奖

国家科学技术进步奖评审委员会

陈定昌荣获的国家科技进步奖特等奖证书

陈定昌（前排左三）等在“红旗七号”荣获国家科技进步奖特等奖颁奖庆祝会上留影（前排左二为钟山、左五为任新民、左九为宋健、左十为谢光、左十二为张钧、左十三为栾恩杰、左十四为刘从军、左十五为王可立、左十六为黄纬禄、左十七为王统业）

陈定昌

陈定昌院士传记

Academician Chen Dingchang's Biography

第四章

敢于探索
精确制导谱新篇

陈定昌是我国精确制导技术研究倡导者之一、毫米波精确制导技术创始人之一。他肩负着总装备部精确制导技术专业组组长的重担，全面思考我国精确制导技术的发展大事，推动精确制导技术大跨度地向前发展。

1. 为导弹装上“火眼金睛”

1999 年 1 月，位于巴尔干半岛的南斯拉夫联盟共和国上空，战争阴云密布，冲突一触即发，空气中似乎都能嗅出火药味儿。由于美国利用科索沃（系南联盟所辖塞尔维亚共和国一个省）的民族矛盾，以武力强迫科索沃冲突双方依美国的方案到法国朗布依埃进行谈判，南联盟不能接受让北约军队进驻科索沃这一涉及领土主权的条款，致使谈判最终破裂。于是，北约迫不及待地要对南联盟动武，大战一触即发。

3 月 24 日入夜，随着一声声尖利的呼啸，一发发导弹飞向南联盟的防空体系、指挥控制中心、军工厂以及在科索沃的塞族军队，科索沃战争拉开了帷幕。北约以“保护人权”为名，对南联盟发动了代号为“联盟力量”的空袭行动，将南斯拉夫联盟拖入战争的深渊。

有资料统计，北约在这场战争中共出动飞机 32000 架次，投弹 13000 吨，使用了大量杀伤性极强的新式武器，造成南联盟 1800 多名平民丧生，6000 多人受伤，近百万人沦为难民，20 多家医院被毁，300 多所学校遭破坏，还有 50 多座桥梁、12 条铁路、5 条公路干线、5 个民用机场被炸毁，39% 的广播电视传播线路瘫痪，大批工厂、商店、发电厂被毁，直接经济损失达 2000 多亿美元，这一数字超过了南斯拉夫在整个第二次世界大战中遭受的损失。

人们注意到，这场战争是发生在20世纪末的一场重要的高技术局部战争。时任总装备部精确制导技术专家组组长陈定昌在不久后即撰文指出："科索沃战争是20世纪末最大规模、最具有现代化战争特点的局部战争。战争的模式、战争的进程及战争的结局表明了军事领域已经发生重大变革，高新技术在武器装备中广泛应用，促进了现代局部战争正在向信息化战争方向深入发展……战争的打击力度和打击精度也空前提高，战区纵深已扩展至3000千米，高度延伸到1500千米，深度进入水下300米以下，命中精度已从10米提高到1米以内，远程精确制导武器可以同时到达纵深目标的上空，一天可以打击几百个目标。作为典型信息化兵器的精确制导武器，已广泛地用于战争，并在战争中发挥重大作用，它也是未来高技术局部战争的主要兵器，成为未来信息化战争的重要支柱。"

精确制导武器是对采用高精度制导系统，直接命中概率很高的导弹、制导炮弹和制导炸弹等武器的统称。通常采用非核弹头，用于打击坦克、装甲车、飞机、舰艇、雷达、指挥控制通信中心、桥梁和武器库等目标。

20世纪70年代中期，美国在越南战争中大量使用精确制导炸弹。由于它具有精确的制导装置，在战场上取得了惊人的作战效果，因而引起了人们的极大关注。

精确制导武器的主要特点可以概括为四点：命中精度高，作战效能好，射程远，作战费效比高。1991 年海湾战争期间，美国空军在 100 千米外向伊拉克的一个水电站发射了两发"斯拉姆"空对地导弹，结果第二发导弹从第一发导弹射穿的洞孔飞进发电厂，彻底摧毁了目标。在英阿马岛战争中，阿根廷空军仅用一发价值 25 万美元的"飞鱼"导弹，就击沉了英国海军一艘造价近 2 亿美元的"谢菲尔德号"驱逐舰。可见，精确制导武器虽然技术较常规武器复杂，制造成本高，但由于其命中率高，弹药消耗量小，因而作战效能好，经济效益相比常规武器也更高。

精确制导技术是精确制导武器的灵魂，主要研究精确探测及高精度导引控制。打个通俗的比喻，精确制导就是让导弹长上"眼睛"和"大脑"，使它能够指哪儿打哪儿。而陈定昌就是为导弹装上"火眼金睛"的人，他是我国精确制导技术的主要奠基人和开拓者。

1979 年，陈定昌根据对国际上毫米波、红外技术发展动态的研究，敏锐地预测到这两项技术将带动常规武器向精确制导化的方向发展，率先提出了发展我国毫米波精确制导技术的倡议，得到了国防科委和七机部机关领导的支持。此后，他亲自主持，带领大家积极开展这一技术领域的探索性研究工作，先后完成了毫米波半主动制导系统，毫米波制导雷达，主动、被动及半主动等多种毫米波导引头的研制。

国防科委为确保国防科技重点预研项目的实施，设立了专家组，以充分发挥技术专家在多项专业技术发展中的咨询参谋作用。精确制导技术位居 16 项关键技术之首，精确制导技术专业组在国防科委 16 个专业组中排序第一，可见这项技术在国防尖端武器研究中的重要地位。从 1987 年 5 月起，专家组一直由二院专家担任负责人。

军方在总结评价陈定昌对我国精确制导技术发展的主要贡献时指出：陈定昌同志长期从事精确制导技术领域的研究工作，1987 年被任命为精确制导技术专业组第一任组长，1991 年被任命为精确制导项目实体管理负责人，1996 年又被任命为精确制导技术专业组第三任组长，为我国精确制导技术的发展作出了重要的贡献。这些贡献突出体现在倡议并积极开展毫米波精确制导技术的研究，为我国精确制导技术的发展出谋献策，推动和促进我国精确制导技术的大跨度

1987年10月21日，陈定昌（中）、袁起（左）、毛二可（右）在光电精确制导技术专业组会议上

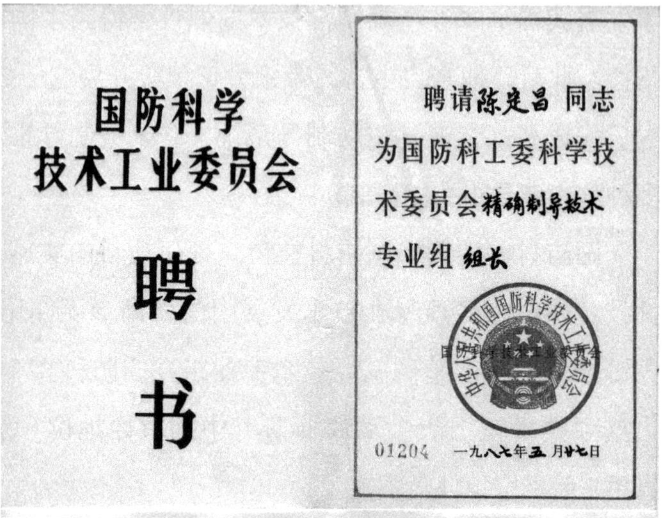
国防科学
技术工业委员会
聘
书

聘请陈定昌 同志
为国防科工委科学技
术委员会精确制导技术
专业组 组长

01204 一九八七年五月廿七日

陈定昌被聘为精确制导技术专业组组长聘书

发展等。

2.“红箭十号”与毫米波精确制导

陈定昌主持研制的“红箭十号”远程反集群坦克导弹，是毫米波精确制导技术的最早应用与实践。

身为国防军工战线研究人员的陈定昌，以国家利益为己任，时时在思考二院、二部及自己应该做些什么。针对当时苏联大规模采用装甲部队作战的特点，他提出了研制反集群坦克导弹“红箭十号”的想法。

《二院院史》中记载了“红箭十号”提出并立项的简要过程：

“为在战争中有效地对付敌坦克的进攻，构成梯次配备的反坦克火力，需发展一种远程反集群坦克导弹。根据国防需要，1979 年 6 月，二部提出《远程反集群坦克武器系统方案初步设想》(代号‘红箭十号’)。经二院与炮兵反复协商后，联合请示军委科装委，建议研制反集群坦克导弹武器系统。1980 年 4 月 21 日，国务院、中央军委下发《关于开展远程反集群坦克导弹总体方案论证任务的通知》（国发 92 号），决定由二院承担方案可行性论证等任务。据此，二院将‘红箭十号’可行性方案论证纳入科研生产计划，并以‘高精度、低成本、立足国内’的指导思想，进行方案论证、原理性实验等工作。1981 年 6 月拟制出《红箭十号武器系统总体方案论证结果报告》，12 月 28 日，张爱萍在报告上批示：一项新武器，必须先把关键技术突破后，才能上型号论证。自此，‘红箭十号’继续进行原理性试验和技术攻关。”

陈定昌作为“红箭十号”攻关团队的主要参加者，1980 ~ 1983 年，担任“红箭十号”领导小组成员；1983 ~ 1985 年主持“红箭十号”研制。在此期间，他于 1980 ~ 1981 年执笔编写了《红箭十号毫米波末制导方案论证报告》，对 8 毫米主动末制导、半主动末制导、被动末制导的研制途径、方案和战术技术指标做了全面论证，提出了一些新概念，明确了以毫米波精密制导作为研制的主攻方向。

1981 年，陈定昌担任试验队队长，组织进行了 8 毫米半主动塔上俯视检测试验（“921 试验”），攻克了试验中的一些关键问题，成功地证明了方案原理可行，统一了研制队伍思想，被国防科委授予四等奖。这一时期，为全面开拓毫米波精密制导应用领域，1980 年和 1983 年，组织了全国五个院校、十多个厂所在基础支撑性研究（如目标特性、背景辐射特性等），毫米波器件、部件，以及系统原理试验设备等三个方面进行了协同攻关，研制了 26 套设备，其中十余项填补了国内空白，为应用发展打下了良好基础。1983 年 10 月，航天工业部召开了“红箭十号”论证工作会，部党组全体成员参加，对前一阶段的工作做了肯定，“红箭十号”转入工程攻关阶段。

经过几年的努力，在“红箭十号”研制过程中，陈定昌及其团队在研究中逐渐形成了一套完整的思路：“美、苏的战略已逐步过渡到地面常规战争能解决问题就不打核大战。特别是苏联基于这种立场，十分重视大规模地面战争的准备。未来的地面战争将是在大纵深的战场内，由高度机动的作战双方在没有明确的作战前沿的情况下，进行的一系列遭遇战。在这种战场上，只有装甲部队才是克敌制胜的决定性力量，因此，他们作战思想的重点是依靠装甲部队实施高速突击。所以苏联人一直在大量生产坦克，加上华约各国的坦克，在对付北约防线的总数量上达到 36770 辆，有 4 ：1 的优势，同时在我国三北地区周围部署了 14000 辆坦克。在区域战场上，这种数量上的优势，很可能导致苏联在一个狭窄的正面上采用闪电战战术，首先用一个强有力的突击梯队开路，而后一个或数个后续梯队随之跟进。很显然，能否击溃苏联这种装甲突击的战略，就成为控制战场局势的核心问题。为了解决这个问题，美国和北大西洋公约各国提出了所谓反装甲总体作战的战略，除了改进打突击梯队的第二代反坦克导弹外，还大力研制打第二梯队（射程 6 ~ 15 千米）和打第三梯队（射程 150 千米）的远程反装甲武器，实施纵深防御。这种远程的第三代反装甲武器是建立在末端精确制导的技术基础之上，它的主要要求是能对付集群坦克，其技术关键是‘打了不用管’的能自行搜索目标的高精度的末制导寻的器。”

而目前能用于第三代反坦克导弹的末制导寻的器有可见光电视、激光半主动寻的器、红外和毫米波寻的器等。由于可见光电视和激光寻的器受战场上尘土、烟、雾、雨的影响较大，正逐渐被毫米波和红外线末制导寻的器所代替。其中毫米波又由于其兼有光学末制导精度和微波准全天候的能力，再加上小的体积尺寸和高的分辨率，适应小尺寸导弹的制导要求，已成为20世纪80年代发展精确制导武器的主要发展方向。

这种先进的毫米波末制导，国外大约从20世纪70年代中期开始研制，经历了两个关键的技术发展阶段，即早期技术突破阶段和比对制导论证演示阶段，1981年后结束，转入工程研制阶段，其技术得到了快速发展。

由于国外这种以毫米波、红外线末制导为主攻方向的远程反坦克导弹尚处在研制阶段，因此大力发展"红箭十号"毫米波、红外线末制导，就具有迎头赶上的意义，在研制第二代、第三代反坦克导弹的同时，发展第四代远程反集群坦克的导弹，以期到20世纪80年代末期能真正对付苏联日益先进的装甲武器。当然，毫米波制导技术并不仅限应用于反坦克上，国外还用此来制导炮弹、火箭弹和地雷，以及用于地对空、空对空导弹，对海以至空间防御。因此，毫米波制导技术在20世纪80年代防御武器普遍精确制导化的进程中具有重要的意义。

紧接着，陈定昌及其团队又提出"红箭十号"毫米波末制导的研制指导思想，即从我国国情出发，一是立足国内，解决有无，由低级到高级地发展毫米波制导技术；二是立足全国，大力协同，发挥合同制的优点，充分应用国内各单位已有的技术成果；三是坚持科学、系统工程的研制方法，搞好预研，突破各项技术关键；四是以发展造价低、高效率的毫米波末制导为主要目标。

何谓毫米波和毫米波制导？

毫米波通常是指波长在1 ~ 10毫米（对应频率在30 ~ 300千兆赫）的电磁波段。毫米波制导是一种由弹上的毫米波导引头接收目标反射或辐射的毫米波信息，捕获跟踪目标，并导引导弹或弹药命中目标的制导技术。毫米波制导是精确制导技术发展的重要方向之一，其制导方式主要有毫米波指令制导、波束制导、主动寻的制导、被动寻的制导以及半主动寻的制导等五种。

“红箭十号”为什么要选择毫米波作为制导波段呢？在电磁波谱上，有五种可资利用的波段，即：被动光学有可见光电视制导、红外线制导；主动光学有激光制导，在射频段有毫米波制导和微波制导。在过去、现在以及正在研制的空对地战术反坦克导弹（一代、二代、三代）中，都是依靠在可见光或红外频带内工作的光电制导技术。“红箭十号”选择毫米波制导技术，这是因为未来的地面作战，包括在恶劣气象条件和复杂战场条件下的集团装甲的进攻，在这种气象条件下，空中支援难以进行。而光电制导技术在不利的天气下（下雨、起雾、下雪、薄雾笼罩或低云密布）和在尘烟弥漫的战场上，当气象视距减弱到两千米以下时，战术空地反坦克导弹的攻击效率会显著降低。特别是大规模集群坦克进攻时，扬起的尘埃云会起到烟幕的作用，这时可见光、激光、中近红外线（ < 5 微米)都不能穿透。唯一能适应战场作战条件的是毫米波和远红外线(8~14 微米)。总之，毫米波导引头既具有红外 / 光电系统的小尺寸体积、高精度及良好的分辨率，又具有微波的准全天候、全天时、作用距离远的优点。这就是“红箭十号”选择毫米波段的依据。

接下来，在毫米波末制导的体制选择上，又经过了一番研究与比较，发现由于“红箭十号”是远程反集群坦克导弹武器，作战距离远，而且是打集群目标，这就限制了制导方式不能采用“一对一”的架束制导和指挥式制导，只能采用自主寻的末端制导，这就要求在每个导弹上装一个导引头，将导弹引导到目标易损的要害部位。通过对“主动寻的制导、半主动寻的制导和被动寻的制导”等三种末制导体制优缺点的比较，分析了国内技术基础现状（尚缺乏最基本的大功率发射器件），决定采用分两步走的策略，第一步先解决有无，以半主动为主攻方向，以适应国内武器研制技术水平；第二步则过渡到主动末制导，从而提高武器系统的生存能力和灵活反应能力。

研读《二院院史》，可以了解陈定昌带领团队开展这一研究的历程：从1981年至1983年，二部开展了60多个课题，进行了15次系统试验，取得了60多项成果，一些项目填补了国内毫米波技术的空白，开拓了毫米波精确制导技术领域，其中调频噪声测量技术、多功能雷达信号模拟器、8毫米静态收发系统等达到国内先进水平；8毫米辐射计、小口径弹上末制导软波导馈线等是国内首创。1984年至1985年，“红箭十号”模拟弹和模拟遥测弹进行了5次飞行试验，打弹21发，并进行了海上目标特性测量、辐射计静态跟踪、导引头俯视跟踪等试验，获得了大量数据，相继开展了半主动末制导、被动末制导以及主动末制导的研制。通过这一时期“红箭十号”及毫米波制导技术的发展，奠定并确立了精确制导技术的发展途径和研制方向。

1990年，二部圆满完成了反坦克集群导弹“红箭十号”的研制任务。由陈定昌领衔完成的“毫米波精密制导技术的总体论证、技术开发与可行性研究”，1985年获得了国家科技进步奖三等奖。“反坦克导弹毫米波主动寻的制导技术研究与试验”，1993年获得了航空航天工业部科技进步奖二等奖，陈定昌均排名第一。

在毫米波精确制导技术研究的带动下，经过十余年的努力，我国逐步建立起毫米波器件、组件（8毫米波段大功率管、行波管，8毫米、3毫米混合集成前端、固态合成功率源等）以及电路的研制生产基地，并建立了毫米波段目标特性与背景测量技术、毫米波计量与标准体系、毫米波半实物仿真等研制基础，使我国在毫米波精确制导技术研究领域保持了与国外相一致的发展趋势，缩短了与国外先进水平的差距，并在全国形成了较强的毫米波精确制导研制队伍，推动了东南大学“毫米波重点实验室”、国防科学技术大学“ATR国防重点实验室”的建立。

之后，随着国际形势及现代战争模式的变化，“红箭十号”反集群坦克导弹渐渐淡出了人们的视线，但这一型号开创了精确制导技术应用的先河，因此具有重要的里程碑意义。

3. 领衔、挂帅、创新、发展

从20世纪80年代中、后期开始，国防科工委高度重视关键技术的预先研究，先后成立了若干个专业组，以期改变由于“文革”造成我国型号研制与国外差距大、关键技术落后的状况。精确制导专业组在总装16个专业组中位列第一，这是因为精确制导技术是一项系统集成技术，是带动光电子、电子元器件等其他专业发展的关键。自1987年5月起，陈定昌先后担任了精确制导技术专业组第一届组长、第二届项目实体管理负责人（1991年）和第三届组长（1996年）。

这一时期，二院的精确制导技术研究取得了长足的发展，《二院院史》对此做了如下记述：

精确制导技术是精确制导武器的核心技术，主要研究精确探测及精确导引控制技术，确保武器精确命中并有效摧毁目标。1988 ~ 1999年，精确制导技术先后经历了开拓研究、基础发展和提高水平阶段，其中，1988 ~ 1990年是开拓研究阶段，重点完成了应用于防空导弹、反坦克导弹及子弹头的半主动寻的系统研制，用于防空导弹的激光半主动制导技术突破了导引头

1987年5月，陈定昌（前左一）、毛二可（二排左一）等参加某主题专业组成立大会

1987年10月，光电精确制导技术专业组部分组员在会议后合影（前排从左至右：郑志伟、陈定昌、毛二可、周鼎新、杨世周）

关键技术，开创了精确制导技术良好的研究局面；1991 ~ 1995 年是基础发展阶段，重点完成了地空导弹长波红外光机扫描成像导引头原理样机研制、激光半主动实用化样机研制，以及用于末制导炮弹的主动寻的单项关键技术攻关；1996 ~ 2000 年是提高水平阶段，重点完成了长波红外和主动寻的导引头研制和试验、某波段被动导引头和某某波段被动导引头原理样机研制，并成功完成跟踪试验。雷达地图匹配末制导导引头和主、被动雷达复合制导技术成果，已被分别应用于型号研制与背景型号的预研攻关。完成了子弹末修方案论证、子弹研制及空中投放与飞行试验，激光半主动导引头和制导控制系统工程化研制，并完成外场演示验证飞行试验，促进了激光半主动制导技术在防空领域的应用。

陈定昌自担任总装精确制导技术专业组组长后，开始全面思考我国精确制导技术的发展大事，着力推动和促进我国精确制导技术大跨度地向前发展。从任第一届组长开始，他在我国精确制导技术发展路线及技术途径上呕心沥血、不断探索，在实践中总结提出了一套具有中国特色的精确制导技术发展的新观点和新思想。

陈定昌的新观点主要包括：加强精确制导技术发展战略研究；以系统总体为龙头；发挥优势单位作用，组织优势单位合作攻关。

他组织并主笔撰写了《精确制导技术“七五”规划论证报告》《“八五”发展战略》《项目发展指南》《精确制导技术2020发展战略》，以及《“十五”项目发展指南》等技术报告，所提出的精确制导技术发展思路、发展方向和重点，紧密结合我国国情，符合我军武器装备发展需求，为主管部门对该技术领域发展决策提供了科学依据。

“七五”期间，光电制导技术包括红外、激光、电视等，存在研究计划、研究目标、研究成果不够明确等问题。陈定昌主持研究的毫米波制导技术由于总体牵引，取得了很大进步，仅用470万元经费就研制出了三代导引头。上级领导让陈定昌他们总结经验，提炼出“总体、专款、择优、合同”八字方针（即总体抓总、专款专用、竞争择优、订立合同），并在1987年国家高技术首席科学家会议上介绍了此经验。陈定昌在会上介绍了如何通过八字方针进行重大技术突破，取得了很好的效果，并在会后被宣传推广。八字方针中，“总体”二字分量很重。陈定昌认为，以系统总体为龙头，带动各项关键技术和支撑性技术配套发展是指导原则，以系统总体为龙头，可使精确制导技术研究重点项目都有明确的背景需求、功能指标，从而满足武器系统要求。这个观点最后推动“八五”导引头集成技术上了一个台阶。“九五”共有9项研究成果，开展了演示验证试验，并迅速在武器装备中得到应用。以系统总体为龙头的做法，很快成为专业组成员单位的共识，国防科工委领导也对此给予充分肯定。1990年在二院预研成果展览会上，前来参观的国防科工委主任丁衡高手拿导引头模型，对着模拟器不停地比划，兴致盎然。

在实践中，陈定昌认识到，要想使精确制导技术发展具有生机与活力，就必须破除积弊、引入竞争机制。信息处理器是导引头的重要组成部分，但“八五”之前，国内研究单位多，力量分散，研究方向不明确，且相互封锁技术。针对此情况，陈定昌提出“引入竞争机制，以公开招标方式选择优势单位组成国家队”的响亮口号。1996年上半年，专业组召开了信息处理技术总体组会议，讨论招标工作并编制招标书。陈定昌亲自主持投标评审，最后中标的单位具有我国高校一流信息处理器设计研制能力。通过招标，加强了系统总体的需求，牵引、强化了与导引头研制单位的联系和协调；研究方向明确，避免了重复，节省了经费。很快，到“九五”末期，信息处理器已经能够提供导引头开展原理验证试验或演示验证试验。

陈定昌的新思想主要包括：紧跟国际先进技术、先进水平，与我国现有基础相结合，走中国式的发展道路；在国防科技预研领域树立全国“一盘棋”思想。

以光电制导技术发展历程为例。陈定昌认为，在精确制导领域，我们还暂时落后，如何赶超发达国家，必须走中国特色的道路。他特别重视收集、了解军事大国在这一技术领域的发展历史、发展进程、现有水平及发展方向，在借鉴它们经验的同时，深入了解国内相关单位的研究进程及现有状况，掌握翔实的第一手资料。“七五”期间，光电制导技术存在研究方向不明确、重点不突出，红外、激光、电视三个专题位置未摆正，且重复研制等问题。1987年5月，当专业组一成立，陈定昌就把理顺光电制导技术发展关系作为首要任务，组织召开“全国光电‘精导’研讨会”，国内42个单位共63名代表参加会议。会上，他详细介绍了国外本领域发展状况，分析了红外、激光、电视等三项技术的优缺点，并结合我军未来武器装备需求和潜在能力，提出优先发展红外制导技术，其中重点发展红外成像制导技术；激光制导技术，重点发展激光半主动制导技术；电视制导技术，重点发展光纤电视制导。会议还编写了精确制导技术发展纲要，制定了光电制导技术中长期发展规划，统一了与会人员的思想，受到了参加会议的国防科工委主管局长的高度赞扬。后来的发展证明，这次会议奠定并形成了我国光电精确制导技术的发展格局。在“八五”精确制导技术发展纲要研究中，为了紧跟发达国家的先进水平，同时结合国内现有基础，陈定昌提出发展第一代光机扫描红外成像制导技术。当时国内还不能提供实用化的长波红外线探测组件，陈定昌的这个提法有很大风险。但他指出：一方面，没有条件可以创造条件，决不能等待，如果墨守成规，只会拉大我国与国外先进水平的差距；另一方面，应积极创造条件解决问题，首先从国外引进探测器组件，然后促成国内两个优势单位进行合作，在几年内生产出实验产品供应用。结果，“八五”期间即完成了用于“空空、地空、飞航”三个光机扫描长波红外成像导引头的原理样机，1996年经专业组组织的联合测试，其性能指标达到设计要求。在“九五”发展规划制定中，陈定昌又力排众议，提出以第二代红外凝视成像制导技术研制为重点，对第一代光机扫描红外成像制导技术进行实用化推广应用，抓住了机遇，实现了跨越发展，缩小了与军事大国间的技术差距，促进红外制导技术上了一个台阶，成功研制出了第二代红外凝视成像导引头。

在以陈定昌为代表的专家组的努力下，经过广大技术人员长期艰苦努力，我国精确制导技术领域取得了许多高水平的科技成果，缩短了与世界先进水平的差距，为我军武器装备的发展提供了坚实的基础。

陈定昌亲手规划的精确制导发展五大方向，已呈现出多项课题齐头并进、百舸争流的局面。“七五”打基础上水平，“八五”跨越式发展，“九五”持续大发展，“十五”进入实用化，取得了丰硕成果。这五大方向包括：精确制导总体技术，毫米波制导技术，光电制导技术，地图及景像匹配制导技术，以及反辐射和高精度微波制导技术。

毫米波方面的成果，前面已做过介绍，其他四个方面的成果不胜枚举，举两例简单说明。

例一，小型化电视导引头技术，在“八五”期间取得了成熟的工程化技术成果，已推广应用于巡航导弹下视景像匹配制导、某型号空对地导弹末制导以及多用途光纤电视制导导弹等。

例二，红外寻的制导技术，在陈定昌主持参与下，“七五”期间完成了短波红外和中波红外导引头工程化实用技术攻关，使肩射式系列导弹和某系列空空格斗导弹由单一尾追攻击，变为具有全向攻击能力。“八五”期间，开展了“长波红外光机扫描成像制导技术”研究，完成了多个型号实用化关键技术攻关。“九五”期间，开展了“长波红外凝视焦平面成像技术”攻关，其成果支撑了“十五”一系列重大型号。在陈定昌的带领下，这一时期我国红外寻的技术每个五年计划上一个大台阶，保持了与世界发达国家相一致的发展趋势。

这些年里，从陈定昌任组长的第一届精确制导专业组，一共走出了六名院士：刘永坦、郭桂蓉、毛二可、孙忠良、方家熊、陈定昌。可以说精确制导专业组集中了国家在这一时期、这一领域的顶级专家，他们代表国家制定精确制导技术的发展战略规划，提出专业方向，指导领域发展，建议专业布局，咨询技术途径……做了大量有益工作，作出了杰出贡献。而作为组长，陈定昌肩负重任、不辱使命，他与精确制导专业组其他专家，成为我国精确制导技术领域当之无愧的开拓者。

经过陈定昌和同事们多年的努力，精确制导技术的许多研究成果在我军武器装备更新换代和升级改造中得到了应用，成为我军新军事装备研制的有力支撑，真正成为强军卫国的基础和利器。

“多种体制毫米波导引头自动目标识别系统”鉴定会成员合影（前排左一为徐根兴，左二为郑志伟，左四为孙忠良，右一为毛二可，右二为袁起，右三为方家熊，右五为陈定昌，右六为郭桂蓉）

陈定昌

陈定昌院士传记

Academician Chen Dingchang's Biography

第五章

天降大任
为我中华铸神剑

在开展第三代中高空防空导弹研制历程中，陈定昌提出了五大关键技术，主持系统三年攻关，领导对外合作。如今该型号已成为我国最重要的空天防御武器之一，成为防空作战体系的中坚力量。

1. 起草地空导弹发展规划

1983 年 4 月，陈定昌被任命为二院二部副主任；1984 年 11 月，即被任命为二院二部主任。这一时期他想得最多、思考最深的是二部作为技术抓总的总体部，自己又作为总体部的主要负责人，应如何率领总体部担当起二院乃至航天工业部地空导弹抓总单位的职责。追溯往事，仿如昨天，历经艰辛，却备感欣慰。

“总体”一词来源于系统工程学。众所周知，著名科学家钱学森在中国创建和发展了系统科学。20 世纪 50 年代，钱学森在美国受软禁期间，写出了享誉国际学术界的著作《工程控制论》，在书中阐述了他的系统科学思想和方法，并在主导中国“两弹一星”研制实践中，成功地发展和运用了这个思想和方法，继而将系统科学理论和系统工程实践推广到社会经济及科技管理等各个领域，产生了深远的影响。在钱学森的积极倡导下，20 世纪 80 年代，全国范围内迅速掀起了学习、运用系统工程的高潮。

根据钱学森的理论研究及倡议，20 世纪 50 年代末，我国建立了类似国外系统工程公司的机构，称作“总体设计部”。用钱学森的话说，就是以一种组织、一个集体来代替先前的单个指挥者，对这种大规模的社会化劳动进行协调指挥。总体设计部设计的是武器系统的总体，是系统的总体方案和其实现技术途径，并通过可行性研究和经济技术论证，确保项目在规划、设计、制造和运行等各个阶段，达到总体性能最优，并且可以避免因规划、研制和运用的缺陷而造成人力、物力和财力的浪费。

时间回到20世纪80年代初，经历了二部重返地空线、四处找寻任务的艰苦努力后，正值担任二部一室主任的陈定昌清醒而强烈地意识到，二部要想真正当好院的总体单位并使二院成为七机部的地空导弹抓总院，就必须站在战略高度，为整个防空导弹的发展做一个长远而科学的规划，用以指导总体工作和今后的发展。想法一确定，陈定昌便主动请缨，提出由自己牵头起草一个防空导弹发展规划。

陈定昌在艰苦细致的案头准备工作中，翻阅资料，调查研究，掌握了大量的第一手数据。他通过分析比较、研究论证，洞悉了当时世界上国防力量最强、装备最先进的美、苏及北欧的导弹武器发展和使用情况，并对国内地空导弹研制单位的发展布局进行了全面的分析，1982年4月，一份长达70余页、内容翔实、图文并茂的《地空导弹武器发展规划》(以下简称《规划》)完成了。

《规划》内容主要包括前言、指导思想、空中威胁敌情的发展趋势、几次战争中地空导弹作战的经验教训、国外地空导弹的现状和发展趋势、我国地空导弹体系的发展设想、存在的问题与改进的重点，以及地空战线的建设要点等八个部分。

《规划》首先在前言部分介绍了世界各国高度重视防空导弹作用的情况。指出苏联在国土上建立了世界上最大的防空体系，北约诸国也高度重视防空导弹。地空导弹在防空中的实战效率，也为历次战争所证实。列举了地空导弹在越南战争、中东战争以及马岛战争中所起的巨大作用，它正在改变着防空作战的战略，促使世界各国研制新系列防空导弹。而我国经过多年努力，地空战线为部队研制生产了红旗一号、红旗二号、红旗三号三个高空型号，由红旗二号又派生出红二甲、红二乙等，但基本都属于第一代防空导弹。从20世纪70年代末期，我国开始进入第二代防空导弹研制时期，出现了多空域多型号的研制阶段。但目前尚需进一步明确火力配系的要求，突出主战型号，制定出一个统一的地空导弹体系发展规划，这就要依据潜在敌情目标威胁发展的趋势，参考国外地空导弹技术发展的途径，吸取最近十多年来地空导弹作战成败的经验教训，从我国实际出发，拟定出地空导弹系列化的配套发展体系。

《规划》通过大量的数据和例证，详细分析了空中威胁敌情的发展趋势和国外地空导弹的现状及发展趋势，进而提出我国地空导弹体系的发展设想。

通过起草《规划》，这一时期的陈定昌，已显露出其所具有的战略意识和超前思维，显现出对事物的特殊洞察力及透视力。他的这种特质在此后的几十年中表现得日益突出，在他所从事的领导工作和科研活动中，发挥出越来越显著的效果和作用。

2. 力主研发中高空主战型

《规划》完成后，二部主任方辉煜将其带到二院总师组会上，黄纬禄、刘从军、钟山、沈忠芳等以及从上海航天局和贵州航天局来的总师共计 10 人参与了讨论，10 位老总都感觉《规划》内容新颖、论述全面。

1984 年 11 月，陈定昌担任了二部主任。这个时期，他越来越清楚地认识到，防空导弹三个空域、四个系列的划分是正确的，是符合中国国情的。根据陈定昌的调查与研究，得知美国已研发出第三代崭新型号——“爱国者”导弹，其性能非常先进，是全空域打击多目标的防空导弹，采用多功能相控阵雷达，这一雷达系统可同时跟踪 100 批目标，同时射击 3 个目标。1982 年，“爱国者”导弹已初步具备作战能力，1984 年开始正式服役。由于美国本土发生空袭的可能性很小，“爱国者”导弹主要用于欧洲的防卫，当时“北约”的一些成员国，如比利时、丹麦、法国、英国等，都准备引进其作为“北约”共同的防御系统。

“北约”是北大西洋公约组织的简称，《北大西洋公约》由美国、加拿大等 12 国于 1949 年 4 月 4 日签订、1949 年 8 月 24 日生效，总部设在比利时的布鲁塞尔，是美国与西欧、北美主要发达国家为实现防卫协作而建立的一个国际军事集团组织。“北约”拥有大量核武器和常规部队，是西方阵营的重要军事力量。冷战时期，“北约”的对立面是苏联与东欧国家组成的华沙条约组织（简称“华约”）。

美国通过“爱国者”导弹，发展了第三代全空域打击多目标这样一个新的型号，因其先进，一时称雄世界。“北约”当时有一个称作饱和攻击的大规模空袭模式，6 分钟一次攻击波，每分钟 16 架次，一次攻击共 96 架次，而我们的防空导弹还是单通道一个一个地打，根本无法对抗这种饱和式攻击。

上述情况使陈定昌强烈地意识到，我们国家的三个空域尚缺少主战型号，缺少一个像“爱国者”导弹那样的型号。二院作为抓总研究院，就应该首创这个防空导弹的主战型号；二部作为总体部，就应该抓住这个主战型号；而他作为总体部主任，就应该积极推动这个主战型号。

当时我国防空导弹体系建设正在布局当中，全国多家单位都在论证上项目，中高空导弹体系被论证出两个型号，一个型号由上海一家单位论证，准备装备海军；另一个型号由贵州一家单位论证，准备用于空军。这两个型号实际上还都属于一代半的武器，是在第一代的基础上改进而来，发射方式仍然是单通道，显然无法适应未来战争的需要。

陈定昌决心来推动这件事情。他首先来到主管这项工作的国防科工委科技部三局三处，找到他所熟悉的蔡兰波参谋（后任某重大项目办公室总师）。陈定昌说明来意后，蔡兰波敏锐地意识到这是一个非常好的想法，直接找到了三局局长汪永肃（后任某基地副司令、司令，中国载人航天工程办公室主任）。汪永肃是一位特别爱学习并善于接受新事物、尊重专家、思想敏锐的领导，听陈定昌介绍完情况后，感到很有道理。他沉吟了一下，说：“防空导弹搞成现在这样子，不迎头赶上会越来越落后，我支持你们搞。”

得到了汪永肃局长的支持，陈定昌回来后，便在二部提出并动员大家开展对中高空主战型号的研究，但此举却在二部党委会上受到批评。发言中，有的党委委员认为二部没有能力研制这个新型号，这是好高骛远的做法，目前应脚踏实地，能搞好“红旗七号”这个型号就不错了。听到这些不同意见，陈定昌并没有与大家争执，而是恳切地陈述了自己的想法。他说：“这个事情不是我好高骛远，这是国家发展的需要。我们二院要当抓总院，如果主战型号不在手上，如何能够担当起抓总院的职责？主战型号是防空导弹第三代武器，要适应未来作战的需要，就要大大领先于目前的其他型号，国家需要这个型号！”

二部部分党委委员对其提出反对意见，也有一定道理，在当时的条件下，去设想这样一个中高空主战型号，的确是破天荒。那时的二部、二院乃至整个航天工业部的工业、经济和技术基础确实还不完全具备上马第三代武器的条件，但这也恰恰反映出陈定昌所具有的超前意识和远大目光，反映出他怀有一个坚定不移的信念，为了国防建设和国家发展的需要，下决心要去做一件极有难度的事情。陈定昌站在了一个更高的层面上，目光望向更深、更远的地方。

陈定昌坚持不懈，反复游说，一级一级地去找。汪永肃局长带着他去找了国防科工委科技部部长王统业，又找了谢名苞等几位相关领导，说服了国防科工委计划部，直至找到国防科工委副主任谢光，最终得到了上级机关的肯定和顶层领导的支持。

按照工作程序，国防科工委有关部门将电话打到航天工业部机关，通知他们上报防空导弹研制规划，并指出防空导弹目前的落后状况已受到上级批评。1985 年，中央军委严厉批评了防空导弹研制工作，指出现在的型号与实战差距越来越大，有 9 个型号在那儿小步跑，不能适应未来战争的需要。在此情况下，国防科工委下达了研制第三代武器的任务。随后，航天工业部机关有关部门也打电话到二院，要求上报防空导弹发展规划。

一天，陈定昌办公桌上的电话响起了急促的铃声，他拿起话筒，里面传来二院院长刘从军洪亮的声音：“你小子是不是又捅娄子了？部里说要报什么规划，是不是你捅的？”陈定昌答道：“是我捅的。”接着，他向刘院长报告说：“事前没有向您汇报，是因为这件事八字还没有一撇，想等有一撇时再向您汇报。”遂将事情的来龙去脉，向刘院长做了说明。刘院长听后爽快地说：“好，这个想法不错，那由你去处理！”放手让陈定昌干，放手让二部策划这项任务。

刘从军院长是一位有着传奇经历的人物，他是陕北红军革命先烈刘志丹的后人，从小参加革命，15 岁就在东北林海雪原中参加剿匪，19 岁时考入长春二航校。抗美援朝战争爆发后，他与一大批优秀青年一起去苏联茹科夫斯基空军工程学院学习航空，毕业后分配到国防部五院，担任过“红旗三号”总设计师、导弹研究所所长，是一位懂技术的领导。

在得到刘院长的首肯和支持后，陈定昌主任及其领导下的二部，准备放手一搏，正式开始了第三代防空导弹的立项准备工作。

3. 九位老总听汇报

1985年，航天工业部部长李绪鄂决定，由部科技委牵头，听取并审查二院《地空导弹发展规划》。作为二部主任、中高空主战型号的积极推动者，陈定昌意识到，这是一次非常关键的会议，也是一个极好的机会，能否说服部里的老总们投下赞成票，使酝酿中的第三代武器得以上马，成败在此一役。陈定昌带领二部有关人员在会前做了充分而周密的准备，认真思考，反复研究，规划发展思路越来越清晰地呈现在他的脑海中，对于这次论证汇报，更加成竹在胸。

九位老总中，打头的是航天工业部科技委主任任新民，还有庄逢甘、陆元九等几位知名科学家，原二院副院长、部科技委委员陈怀瑾也在其中。

任新民，航天型号工程总体技术与液体火箭发动机技术专家，我国航天事业的重要开拓者之一，中国科学院院士，国际宇航科学院院士，“两弹一星”功勋奖章获得者。

陈定昌和二部副主任何午山面对九位老总坐下时，仍一如既往地从容和淡定，越是大的阵仗，越能激发起他表露胸臆的激情与热望。按照事前的准备，陈定昌如数家珍般，娓娓道来。他首先介绍了规划，重点介绍了关于防空导弹应按照“三个空域、四个系列”发展的论点，以及我们目前低水平重复建设的发展现状，同时介绍了国外发展第三代武器特别是美国“爱国者”导弹的情况。九位老总听到这里，来了兴致。任新民老总开口问道：“这么说，这个发展规划中的四个系列，三个都有了，就缺一个中高空主战型了？”陈定昌回答说：“是的，我们现在的规划中就缺这个主题，主线还没有，应该尽快迎头赶上，补上这个关键型号。”

按照事先的准备，陈定昌开始详细介绍规划中的中高空型号、其主要战术、技术指标，以及技术途径的选择，首次提出五大关键技术的概念，即武器系统总体技术、多功能相控阵雷达技术、捷联惯性导航技术、雷达寻的末制导技术、导弹垂直发射技术，并一一做了阐释。谈到相控阵雷达，陈定昌介绍说："我们原来打仗对目标是一个一个地打，以后打仗可不是这样。'北约'的空袭模式是，一次6分钟，每分钟16架次，96架飞机一起来。如果用我们现在的'红旗二号'导弹一个一个地打，得要多少套系统？而且纵深也不够。必须做到能够同时打，打多个目标，几次就把96架飞机打下来，'爱国者'导弹就是这么一个模式。"经过陈定昌这样一番形象的描述，老总们觉得有道理，纷纷点头道："咱们要迎头赶上啊！这样的话，相控阵雷达必须要有，原来某工程的'相控阵'丢了太可惜了，现在得要重新搞了。"陈怀瑾老总说："'相控阵'必须要搞，有了'相控阵'就能够监视多批目标，他来几批，你就能看到几批，然后精跟，最后选好目标打，'相控阵'一定要搞！"

所谓相控阵雷达，是一种不同于一般机械扫描雷达的电子扫描阵列雷达，其主要特点是：能对付多目标，功能多，机动性强，反应时间短，数据率高，抗干扰能力强，可靠性高。这种雷达的工作基础是相位可控的阵列天线，"相控阵"因此得名。

关于发射方式，陈定昌介绍说："该型号必须采用垂直发射。"此言一出，语惊四座，因为过去战术导弹还从来没有过垂直发射的先例，就连美国的“爱国者”导弹都未采用这项技术。陈定昌解释说：“这种导弹必须要垂直发射，不能搞倾斜发射，像老美的‘爱国者’、苏联的类似导弹，都是倾斜发射，随动架很重，带着导弹从这头调转到那头打，时间太长。而采用垂直发射的话，可以进行全向攻击，非常快速。总之，垂直发射具有反应时间短、发射速率高、转向控制能力强、全方位、无盲区、装弹量大、易于实现通用化等很多优点，所以要搞垂直发射。”在座有的老总担心二院没有这方面基础，说航天工业部把垂直发射的预研给了上海航天局，搞了十几年还不敢打，二院哪有这种能力，所以不赞成。一旁的庄逢甘老总开了腔：“垂直发射算什么啊？我们地地导弹哪一个不是垂直发射？我们搞那么多了还怕什么？”庄逢甘是新中国建国之初从美国毅然回国的著名学者，从 20 世纪 50 年代起，主持了中国航天空气动力学试验基地的规划和建设，是中国航天事业的奠基者之一。庄逢甘的话很有说服力，在座的老总们纷纷点头称是。

搞垂直发射就必须上捷联惯性导航（简称“捷联惯导”）系统，在场的陆元九老总，同样是留洋归来的海外赤子，曾在美国麻省理工学院获得博士学位，是中国自动控制和航天工程专家，对于惯性导航，他最有发言权。他认为，二院搞战术导弹可以采用捷联惯导。陆元九老总很支持这个项目，大家也就没有了不同意见。

最后汇报到制导体制问题。陈定昌说：“考虑到对付集群突击、打多目标的需要，我们应该搞主动寻的末制导，实现发射后不用管，由弹上主动导引头截获目标并转入正常跟踪后，独立完成工作，无须导弹以外的任何系统参与；打完后第二批又上去，这样才有可能在大纵深里实现一次打击多个目标。”这个方案在会上遭到了老总们的反对，他们认为二院干不了。于是，陈定昌又提出一个捷联惯导加半主动末制导方案，得到了与会老总们的赞同。

五大关键技术，就这样在老总们的支持下，最终一个一个地达成了共识。之后，刘从军院长见到陈定昌，打趣地说："你小子还真聪明，想出来一个捷联惯导加半主动末制导的办法，通过了一个难题！"陈定昌回忆说："当时这东西是可以灵活处理的，上主动、半主动都一样，目的都是实现末制导。我们的主方案是主动末制导，为了吸收上海参加，得到他们的支持，加一个半主动末制导上去，也是可以的。苏联就是采用半主动，美国也是采用半主动。"

汇报结束后，九位老总又问了一些具体问题，陈定昌还主动向他们介绍了二院的一些情况。最后，任新民老总站起来，带着几分冷峻，威严地说："哎呀，观念都不一样，我们搞地地导弹，你们搞防空导弹，概念不同。这样吧，我们先到你们那儿去学习，到你们那儿去看看。"

之后，陈定昌向刘从军院长汇报了任新民老总的意见，刘院长爽快地说："参观的事，由你来安排。"

老总们到二院来了，二部 1 天，23 所 1 天，25 所和 207 所各半天，3 天参观下来，九位老总写了一个意见，一致认为二院的专业配套、技术基础比较好，有条件承担这项任务。老总们来二院参观，成为事情的转机和契机。一份沉甸甸的意见书，上报到部党组，部里最后同意把该型号任务交给二院。

然而，事情到此只是万里长征走完了第一步，接下来的一个重要环节是进行总体方案论证，由陈怀瑾老总亲自组织开会讨论。

陈定昌向陈怀瑾建议，这一次的方案讨论会，邀请上海航天局和贵州航天局参加，开门办会，以开放的姿态把他们两家都吸收进来。但这两家对二院及二部的能力心存疑虑：这么两个月，你能搞出什么好方案？陈怀瑾也替二院捏了把汗。对此，陈定昌胸有成竹地说："请陈总放心，依我看还是有相当大的把握。一是我们的方案报告都审过了，没有问题，经得起推敲；二是讨论的事情可以这样办，咱们按专业分成三个组，一个总体组，一个导弹组，包括垂直发射和捷联惯导，还有一个相控阵组，采用听取同行专家意见，以同行专家意见为准的办法进行。”果然，会议分组讨论非常热烈，与会专家提了不少意见，但大都是对别组所承担项目能否完成表示怀疑，对本组专业部分则认为没有太大问题，方案可行。由于以同行专家意见为准，结果三个组的讨论全部顺利通过。陈定昌巧用智慧，化解难题，为承接该型号任务进一步铺平了道路。

在第三代防空导弹立项过程中，陈定昌始终认为：“作为总体部应当具备驾驭全局的能力。同时，作为总体部主任一定要做技术内行，不光是明确方向，还要懂得具体技术。”陈定昌所提出的五人关键技术，最终奠定了该型号的先进性能。当时设想的那些技术，美国人后来用于其第四代武器，中国人则超前一代开始使用。可见当时的技术发展方向把握得非常准确。

主战型号的任务方向明确了，但上级机关还是担心步子跨得太大，没有基础，干不出来，万一上了型号，遇到技术难题，久拖不决，将会骑虎难下。为此，陈定昌提出：“给我们三年时间，先对五大关键技术进行攻关；再给我们必要的研制经费，用三年时间把它完成。”起初，攻关研制经费预算把上级机关吓了一跳，因为它几乎与在研型号“红旗七号”的整个研制经费预算相当。陈定昌解释道：“两个弹不一样，这是主战型号，是个大弹，是海、空军通用的型号，指标要求高，技术得上一个大层次才行，这个难度等于是换代技术。”国防科工委同意了这个意见。1986 年 9 月 3 日，总参谋部、国防科工委联合发出《关于抓紧中高空防空导弹研制工作的通知》，要求中高空基本型防空导弹武器系统要具有先进的制导体制，有较高的技术起点。通知中提出：要严格按研制程序办事，首先进行 2 ~ 3 年的技术攻关，待主要关键技术突破后，再全面开展型号研制。

至此，该型号任务终于被争取下来。接下来，陈定昌将着手组织进行三年攻关，将五大关键技术一一攻克。

4. 三年攻关上型号

1986 年 8 月 23 日，国防科工委通知由二院科技委副主任吴北生负责中高空防空导弹（基本型号）总设计师工作，二部主任陈定昌、副主任严南根负责副总设计师工作。

8 月 30 日，国防科工委召开了中高空防空导弹任务落实会。会议由谢光副主任主持，传达了由总参谋部何正文副总长主持、空军和海军首长参加的中高空型号协调会对基本型战术技术指标的意见，并针对研制任务的落实工作提出了明确要求。其中涉及研制方向的重要决定有两方面：一是中高空防空导弹基本型定名，是防空导弹研制中最突出的重点项目之一，是急需装备，航天工业部要将其列为重点。二是不分军兵种，该型号防空导弹既要适用于陆地防空，也要适用于海上防空。会后，该型号及“中高空基本型”的称谓，见诸于当时的各级各类文件之中。

12 月，航天工业部在河北省涿州市召开了该型号三年技术攻关项目审定会，代号“986”会议。参加会议的有航天工业部科研生产司、计划司，二院，贵州航天局，上海航天局，四院，一院所属单位等 35 个单位、106 位代表。“986”

会议，讨论了准备上报的《××地（舰）空导弹武器系统主要技术战术指标》。国防科工委副主任谢光到会并作了重要讲话，提出了“突破五大关键，确定研制方案，取得九项成果，打好型号基础”的总目标，明确了三年技术攻关的具体要求和任务安排。《会议纪要》指出：这次会议的目的在于尽快组织队伍，落实任务，明确三年攻关要求及奋斗目标……该型号应按基本型研制，努力实现一弹共用，基本技术陆、海通用。在先进性、现实性、可发展性以及经济性等诸方面予以综合平衡。

“986”会议进一步明确了该型号的具体研制方向和技术路线，为这一型号开展研制，奠定了重要基础。

由于该型号是一个兼顾地（舰）空领域的通用性很强的型号，从研制立项伊始，便确定了其“基本型”的方向。

1987年10月，航天工业部下发了《关于批复××总体方案及技术攻关安排审查意见的通知》（1987航计字第0906号），要求抓紧工作，力争缩短攻关时间，及早进行型号研制，切实取得技术成果。

1988年2月12日，二院同空军、海军签订了该型号三年工程攻关的技术合同，正式开始了关键技术攻关。

三年攻关，二部是技术抓总单位，陈定昌作为二部主任和型号副总师，是重要的组织者和领导者。此时，吴北生总设计师被抽调到另一型号B610担任总师，严南根副总设计师被调到二院国际市场部任部长，而上级又没有任命新的总设计师，因此该型号全系统指挥领导的重担就落在了陈定昌的身上。对于三年攻关，陈定昌作出了重要的贡献：一是前瞻性地提出了先进的五大关键技术并付诸实现；二是作为二部主任及型号负责人，主持并领导二部及各分系统单位完成了三年攻关的艰巨任务；三是作为一名技术指挥员，亲自参加预研并解决了一些重要技术难题。

对一种新的武器装备，能提出恰到好处的技术指标，绝不是一件容易的事，既要做到指标先进，但又不能过分超前，还要符合中国实际。该型号做到了这一点。由于采用相控阵雷达、垂直发射、捷联惯导以及主动末制导等第四代武器的先进技术，使之在很长的一段时间里一直保持着先进性。

这段时间，与军方加强沟通，使其接受该型号的先进指标，也是一项重要的公关工作。因为如果不能取得军方的理解和支持，就不会有先进型号的立项和上马。陈定昌为此多次主动上门做工作，到空军机关去，甚至在逢年过节登门拜访，不断向军方宣传该型号提出这样的性能指标的原因以及实现的措施，宣传二院、二部的技术实力，努力推动这项工作。二部副主任郑永澄以及科技处的同志，曾多次与陈定昌一同前往军方做工作，耐心细致，锲而不舍，直至军方理解并逐渐接受二部的意见。军方负责地空导弹的一位部长曾半开玩笑地说："这还是第一次，工业部门和我们讨价还价，你们总是觉得指标还不够新，要由部队来往下压指标。"陈定昌的想法是：国家要强大，一定要搞精良武器，不能跟在人家后面搞；部队只有拿着精良武器去打仗，才能将损失降到最小。

在陈定昌领导的三年攻关里，二部完成了五大关键技术中的武器系统总体、垂直发射、捷联惯导以及寻的末制导等四大攻关任务；二院其他厂所也分别承担了相控阵雷达、目标特性、导引头、应答机、发射车等重要系统的研发。在领导工程的实践中，陈定昌善于倾听意见，集中群众智慧，再通过自己的创造，不断优化设计方案。一次，在讨论制导发展方向时，有人突发奇想地说："能不能让导弹的信息由导弹惯性系统自己产生，外面雷达再发指令给它，这种体制既省事，抗干扰也好……"陈定昌抓住这一思路继续深入思考，最后形成了现在以捷联惯导为基础的复合制导方案。

二部在该型号三年攻关中攻克的一项重要技术关键，即是由陈定昌首倡提出的垂直发射。这是该型号非常有特色的一项技术。过去传统的地空导弹发射，国内外都采用的是倾斜发射系统，发现目标后，要先调转、再瞄准、后发射，这个过程需要十几秒时间。而该型号垂直发射，由于取消了随动系统，发射后可 360 度转向，哪里有目标就往哪里转，导弹边爬升边拐弯，可以全方位攻击，实现了瞄得快、打得准。我国地空导弹型号第一次采用垂直发射技术，是具有开创性、技术含量很高的一项突破。但垂直发射技术的攻关绝非易事，首先要解决与之相关联的捷联惯导技术。

捷联惯导是实现防空导弹全方位攻击的重要技术手段之一，采用此项技术将大大改善防空导弹的作战性能和战术技术指标。当时的状况是这项技术国内起步较晚，一直处在原理研究与试验阶段。攻关的重点是要针对地（舰）空导弹的固有特点，解决捷联惯导技术在该型号中的工程应用问题，研制出体积小、成本低、性能高、精度适当的捷联惯导系统。开始选定的一家研制单位，坚称二部提出的体积、重量以及精度指标等无法实现。陈定昌想：不能在一棵树上吊死。他和负责捷联惯导的张福安，找来另一家研制单位与前者竞争，结果促使两家单位按照不同的技术路线，均设计出合格的产品。

在该型号之前，国内外地空导弹从未采用过垂直发射，因此没有可资借鉴的经验，工程难度之大可想而知。二部张百忍等同志创造性地提出采用燃气舵方案，这种舵具有良好的快速转弯能力。可这种高温燃气舵应该使用什么材料来做呢？陈定昌带着大家去钢铁学院请教，双方在协作中选择了一种合金，能够耐受很高的温度。二部与钢铁学院开展合金技术合作后，整个舵机部分由二部设计，由贵州某航天单位进行生产，燃气舵研制得很成功，后来许多单位纷纷采用这项技术，该型号可谓是开先河者。

攻克了捷联惯导和燃气舵等技术后，二部进行了一次垂直发射试验，结果非常令人振奋。导弹起飞后数秒就转了 90 度的弯，连续打了两发弹均获成功。参试人员非常高兴。他们把试验现场的录像拿回来放给部里的航天老总们看，梁思礼连连赞叹说："了不起，真是了不起！这个垂直发射跟我们战略导弹的垂直发射，完全不是一码事儿。"相比较而言，战略导弹发射是慢慢升起，而该型号则是"啪"的一下飞起来，紧接着快速转弯，大攻角、非线性。

寻的末制导技术是实现复合制导的关键，也是影响武器系统性能的最主要因素之一，技术新、难度大，主要技术关键包括寻的末制导系统总体技术、高灵敏度导引头、大功率高频率稳定度照射器以及具有优良电气性能的天线罩等，这一领域的研究在国内当时尚属空白。二部在三年攻关期间，提出目标并实现了技术关键突破，解决了在武器系统中的运用问题。雷达寻的导引头有主动寻的和半主动寻的两种可供选择的制导体制，两种方案各有利弊：前者弹上设备复杂，但系统性能好，代表了寻的制导技术的发展方向，但技术难度大；后者弹上设备简单，技术相对容易，但地面设备复杂。二部以“打基础、上水平”为指导思想，提出了以半主动寻的为基本方案、主动寻的为预埋方案，同时开展了两种寻的导引头的技术攻关。经过三年的艰苦努力，两种寻的制导体制的技术关键均获突破，为该型号方案提供了灵活的选择，也促进了相关技术的发展。1990 年后，该型号上项目报方案时，围绕“上不上主动末制导”的争论激烈，陈定昌、沈忠芳与国防科工委三局汪永肃局长、空军五所王正清所长等达成共识，一定要上主动末制导，因为半主动毕竟不如主动，主动末制导发射后不用管，能打击多目标；要保证我们的主战型号性能 20 年不落后。他们将这个意见报告给国防科工委副主任谢光，谢光副主任当即拍板，决定采用主动末制导。

在国防科工委、空军、海军及航天部等各方的大力支持和帮助下，经过 20 多个承担任务单位三年多的协同攻关，1990 年，二院全面完成了该型号攻关任务，突破了武器系统总体技术、多功能相控阵雷达技术、捷联惯性导航技术、雷达寻的末制导技术、

陈定昌（左）与航空航天工业部总工程师栾恩杰（中）、国防科工委汪永肃局长（右）在试验场坑道前留影

导弹垂直发射技术等五大关键，取得了九项科研成果，为工程研制奠定了重要的技术基础。通过三年攻关，二院、二部也培养了一大批人才，如控制系统的张福安、垂直发射的张百忍、控制回路的设计师小李等，都发挥了很大作用，这些人后来均成为重要骨干，张福安担任了该型号总设计师（后任二部副主任、院科技委副主任），张百忍和小李也都担任了二部副主任和型号负责人。

三年攻关是在一次次挑战中闯过来的，一路上攻坚克难、惊心动魄。二部同志顽强的战斗作风，给国防科工委副主任谢光留下了深刻的印象，他赞扬二部说："你们特别能攻关，以后有困难任务，都交给你们去完成！"

1990 年 5 月，陈定昌离开二部调任二院副院长，同年 11 月，任二院院长。此时院里有同志多次建议陈定昌兼任该型号总师，但他谢绝了这一提议，提出起用其他有水平的同志担任这个总师职务，充分发挥他们的作用，同时明确表示在担任院长期间，要把更多的精力放在二院的整体发展上。他的这一思路得到了国防科工委的肯定和推广。

5. 对外合作上水平

1991 年 10 月 29 ~ 30 日，国防科工委、空军、海军、航空航天工业部共同组织召开该型号三年攻关评审会。同年，该型号独立回路遥测弹飞行试验成功，型号转入工程研制阶段。

然而就在这时，国际共产主义阵营发生了一个大事件——苏联解体了。

1989 年，东欧和苏联局势开始动荡不安，出现了一系列令人眼花缭乱的变化。这些变化迅速演变为一场政治大地震，震波冲毁了“华约”，震撼着“北约”，改变了第二次世界大战以来的世界政治格局。如同多米诺骨牌效应，波兰作为第一块骨牌倒下了，随即发生连锁反应，顷刻之间，东欧国家的社会主义制度土崩瓦解。1991 年 12 月 25 日，苏联总统戈尔巴乔夫宣布辞职。次日，苏联最高苏维埃举行最后一次会议，通过决议宣布苏联停止存在，立国 69 年的超级大国从此正式解体，分裂为 15 个国家。

刚刚进入工程研制的该型号，此时又面临着一个巨大考验。由于苏联的解体，俄罗斯军工企业的秘密解除了，俄制“C-300”导弹的面纱被揭去，露出了真容。中国空军装备部门了解到这些情况，产生了新的想法。由于该型号在当时的性能指标较之俄制“C-300”还存在一定的差距，空军有关部门计划直接进口先进的俄制防空导弹，甚至动摇了继续支持该型号防空导弹研制的决心。

摆在陈定昌院长面前的问题是，二院怎么办？该型号怎么办？这是一个艰难的抉择。该型号是二院一个非常重要的型号，经过三年攻关，刚刚赢得的大好形势，突然急转直下，面临着夭折的危险。

办法很快就有了——开展对外合作，在自力更生的基础上，引进国外的先进技术并加以创新。陈定昌院长决定，该型号要上个大台阶，寻求和“C-300”结合，引进一部分，加上我们自己三年攻关的基础，搞一个新方案，蜕变为新的型号。这期间，围绕是否进行对外技术合作、如何引进以及技术指标的确定等问题，二院内外部产生了激烈的争论，军方也存有种种疑虑，甚至有一种意见是坚持要完全仿制。陈定昌与二院领导班子一方面力排众议，坚持对外合作不动摇，另一方面做了大量耐心细致的工作，在该型号两总的支持下，竭力说服军方与系统内各单位。为此，陈定昌带领二院机关和总体部人员，先后八次去空军汇报，反复沟通、协调，赢得了用户的认可。

1992 年 7 月，二院成立了对俄合作领导小组及办公室。随后，派出以沈忠芳总指挥为团长的高级专家代表团赴俄考察访问，与俄罗斯有关部门接洽，开展导弹系统联合设计的前期准备工作。通过与俄罗斯设计局的密切合作，就相控阵雷达部件生产线引进、天线罩技术、发动机性能指标提升、主动末制导技术等方面的合作，逐步达成了共识。之后，中央军委副主席刘华清亲自听取了航空航天工业部赴国外考察基本情况及该型号发展途径建议的汇报。

军委决定，进行必要的技术引进和专项对外合作，提出该型号与国外同类产品相比，应当是“作战空域略优，反导能力相当，抗干扰性相近”的指导思想。根据中央军委首长的指示精神和国防科工委及空军、海军对该型号主要战术技术指标提出的调整要求，以及按照该型号是空军、海军通用型号的要求，二院在方案调整过程中，坚持“基本型、系列化”的系统设计思想，在原该型号三年攻关和工程研制的基础上，借鉴和利用国外先进技术与经验，经过一年的调整和方案论证，于1993年6月完成了该型号的方案调整工作，形成了新的研制方案。

1994年4月8日，国防科工委下达了经国务院、中央军委批准的该型号武器系统主要战术技术指标要求。调整后的该型号具有如下特点：杀伤空域大，抗多目标饱和攻击能力强，制导体制先进，并具有发展潜力，导弹系统方案先进，具有两级指挥控制体制，抗干扰能力强，反飞机和反战术弹道式导弹的兼容性好。

经过二院二部及20多个主要承担任务单位十几年的协同努力，而今定型后的“某型号地（舰）空导弹武器系统”已成为我国地空导弹研制历史的一座“里程碑”，标志着我国防空导弹研制水平实现了历史性的跨越。在保卫祖国领空、领海，在要地防空及野战防空中日益发挥着至关重要的作用。国务院副总理吴邦国来二院视察工作时曾说：“国庆阅兵以后，从国外对中国的评价看，现在的优势还是在导弹，人家感到一点威慑和害怕的，还是导弹……二院在整个增强国防实力上，在增强综合国力上，承担着特别重要的任务。”正如吴邦国副总理所言，该型号作为中国最先进的第三代防空导弹系统，已经成为我国最重要的陆、海基通用型中高空、中远程防空导弹武器系统的基本型，也是世界上最先进的中远程防空导弹。其优异的性能，适应了现代战争的需要，对于加强国防建设、抵御外敌进犯，扬我军威、壮我国威，都具有极为重要的作用。

2007 年 12 月，“某型号地（舰）空导弹武器系统”荣获国家科学技术进步奖特等奖。作为推动我国开展第三代中高空防空导弹武器系统研制的发起者，陈定昌以其在主持方案论证、关键技术攻关和推进对外合作等方面所作出的重要贡献，成为特等奖获奖集体中的光荣一员。

陈定昌（左一）在试验场指导工作

国家科学技术进步奖特等奖获得者陈定昌院士（左二）与黄瑞松院士（右一）、总装军兵种部陈宝定部长（右二）以及海军装备部赵登平总师（左一）在人民大会堂前合影留念

陈定昌

陈定昌院士传记

Academician Chen Dingchang's Biography

第六章

战略管理
重建二部打基础

二部主任陈定昌重视制定长远发展规划，按照“全局、创新、求实、献身”的精神，通过多渠道培养人才，实施战略管理，军品、民品、军贸三管齐下，带领职工建设起最强总体部。

1. 策划实施战略管理

1984年10月，二院党委一纸任命，把二部主任的重担放在了陈定昌的肩上。自此，他潜心研究世界航天发展趋势，思考总体部牵引、统领二院科研生产以及总体部的全面发展，决策部署并把组织管理工作放在第一重要位置。

总体设计部是钱学森任国防部五院院长时首创的。钱学森强调首先要抓总体，抓大总体。他说，现在科学实验的一个突出特点是大集体性，因此一个型

1988年，陈定昌在二部主任办公室

号任务的完成，必须强调其总体工作。而总体就是一个复杂巨系统，在导弹和航天型号中，要特别强调抓总体研究工作，运用系统工程理论把科研、设计、研制、试验和生产工作，以及各方面的组织管理工作，有机地统筹策划，力求协调发展。

1962 年《国防部第五研究院暂行条例（草案）》中，对总体设计部的职能做了这样的规定：总体设计部是总设计师领导型号设计的技术工作抓总机构，主持制定总体方案与初步设计工作，草拟分系统设计任务书；负责总体技术协调、全型号配套和分系统验收；主持总装测试、综合试验和设计定型等。实践证明，总体设计部的建立，在我国国防科研试验工作中发挥了重要的作用。

刚刚上任的陈定昌清楚地认识到，国家赋予二院的任务是地空导弹抓总研究院，那么，二部就成为其技术抓总的总体设计部。二部的地位和作用十分重要，关系着二院的生存和发展，更关系着我国空天的安全。长期从事总体工作的陈定昌，对二部的职责与任务，有着深刻的理解，他带领大家多次研究总体部的任务与性质。曾任科技处处长郑永澄、部办主任朱忠元（后任中国航天科工集团公司办公厅主任、科技委秘书长兼空间部部长），将二部归纳表述为：以为国家相关技术领域发展的规划、策划为义务；以为总师、总指挥当好技术上的参谋助手为职能；以系统工程为方法；以专业技术为基础；以技术协调为途径；以技术状态管理为杠杆；以仿真、集成、试验为工具；以拿回来（争取预研、型号任务）、定下来（研究、论证、确定方案）、分下去（研究、拟制技术任务书或技术合同及其下达）、收上来（系统的独立回路至定型的各阶段集成、联调、测试、环境及可靠性试验）、交出去（装备、资料等交付、培训及售后服务）为技术职责；军民结合、软硬结合、内外结合（“军”为军品，“民”为民品，“软”为系统工程总体，“硬”为分系统研制生产，“内”为国内，“外”为国际）。

如何把二部建设好，以此带动二院的全面发展、引领二院科研任务目标的完成，成为陈定昌的首要任务。

责任使他陷入深层次的思考和对管理理论的求知，他的办公室灯光昼夜通明。理论是行动的先导，国际先进的战略管理理论使他茅塞顿开，坚定了他要利用战略管理方法，把二部打造成适应国家战略发展的总体部的决心和勇气。

战略决定全局和未来，全局和未来则是二院和国家航天事业的发展，而管理是设计并保持一种良好环境，使人们在群体状态下高效率地完成既定目标。陈定昌从二部实际情况出发，把实施战略管理分解为三个层次、十个方面。

第一是任务层，地位和任务是关键。国家明确赋予了二院是地空导弹抓总研究院，二部处于抓总总体部的地位。地位和形势决定这一时期的任务包括军品、民品和军贸三个方面，即在完成军品任务的同时，发展军贸、民品，三足鼎立，共同发展。

第二是支撑层，完成任务要有必要的条件。包括优秀的科技人才队伍、先进的技术水平统领、完成任务的平台和人才理论联系实际的舞台——实验室三个方面。

第三是基础层，各种保障很重要。包括要有适应完成任务和人才培养的经费；要有强有力的思想政治工作，以提高科研人员的思想觉悟；努力解决和改善科研一线人员的住房困难，增加福利，解除后顾之忧；通过企业文化建设，教育培养职工的奉献精神。

规划是前瞻和引领。陈定昌在理出先进管理的思路后，立刻从国家国防建设和空天安全的大局出发，针对 1980 年二院返回地空导弹研制战线后，对未来防空导弹武器如何发展并没有一个清晰的定位和发展方向的实际情况，他放眼全球，纵观国际，意识到我国目前的地空导弹发展状况已无法应对未来战争的需要，必须下大力研制生产，跟上世界潮流的主战型号，否则国家的空天安全就会受到威胁，严峻的国际形势已向我们发起了挑战，振兴二院刻不容缓，这样的机遇可遇而不可求。

为此，陈定昌瞄准世界防空导弹的前沿技术和发展趋势，开始进行全面规划。1982 年他在担任二部一室主任期间，撰写了《地空导弹发展规划》，首创提出了“三个空域、四个系列”基本型系列化的发展思路。

他积极建言献策，所撰写的《地空导弹发展规划》得到了领导和决策机关的肯定和颁布实施，二院赢得了地空导弹主战型号的市场，坐稳了地空导弹抓总的地位。后来成果累累，设想和规划均成为现实。

打比方说，《地空导弹发展规划》属于战略思维，陈定昌起草的《战术导弹发展政策》和《防空导弹技术发展政策》，则把战略和战术有机地结合起来。特别是在开展空天防御新技术研究方面，为给国家研制出高新装备，他置个人荣辱于不顾，力排众议，无私无畏，以科学家特有的胆识，向国防科工委提出合理化建议，并得到充分肯定，上升为国家政策，创建和实现了探索一代、研制一代、生产一代的武器装备发展战略格局，为地空导弹几十年的长远发展奠定了坚实基础。

千里之行，始于足下。解决了战略定位和确定了科研任务的发展方向之后，陈定昌把工作重心放在了总体部的内部建设上，努力把总体部打造成为适应要求的统领机构。

20 世纪 60 年代后期，由于国防科研机构的调整和重组，核心科研任务的再分配和曲折变化，把二院以二部为总体的地空导弹研制任务调整给其他院，将二院定位为以预先研究为主的战略防御研究院，随之地空导弹研制资料和参加研制的人员被一并交出。同时将二部研究室按科研任务细分，后又不断分离，相继衍生出独立编制的 25 所、26 所、上海八部及 802 所等单位。这样一来，二部由原来的 1100 多人，锐减至只有部分预先研究课题的 300 多人。随着时间的推移和情况的变化，后来人员有所增加，但在陈定昌初任主任时，二部人员也不足500人。现实是严峻的，要想打造出名副其实的总体部谈何容易。

1985年元旦过后，天寒地冻，但二部新一年的工作会暨职代会却开得热火朝天，人声鼎沸，职工代表们争先恐后地建言献策。会议通过了在党委书记张瑞支持下、新任主任陈定昌带领领导班子一口气设计出的围绕二部以科研生产为中心、涵盖全方位的五大规划:《型号发展规划》《技术发展规划》《实验室建设发展规划》《人才培养发展规划》《职工福利发展规划》。陈定昌的管理思想是：二部是二部职工的二部，二部职工是二部的主人；充分发挥职代会作用，凡属大的决策和决定，都需由职工代表大会进行监督和表决。他所提出的这一民主监督、民主管理的指导思想，得到了北京市国防工会的高度肯定与赞扬。

职工代表大会是企业实行民主管理的基本形式，是代表全体职工行使民主管理权力的机构，它表达全体职工的意志，体现大多数职工的利益，拥有对企业的重大决策进行审议、监督行政领导、维护职工合法权益的权利。职工代表大会通过的决议或作出的决定，由企业行政部门组织实施、职工代表大会负责监督和检查。

五大规划的制定是空前的，也是二部第一次进行系统性的全面规划，其描绘了二部5年、10年乃至20年的美好前景，是二部人的共同愿景，给全体职工注入了强大的精神动力。它的通过和付诸实施，是一种无形的力量，鼓舞士气，催人奋进，为二部腾飞和建成国际一流的防空防天总体部，奠定了良好的基础。

任职二部主任的陈定昌，抓规划，抓型号，抓预研，抓民品，抓管理，抓人才培养……科学的预见，超前的思维，使他具有远见卓识。他面对困难，无私无畏，敢于担当，以坚韧不拔的精神和意志，带领二部全体职工努力勾画出一幅最美的图画，写出一篇最精彩的文章，走出一条军品、民品、军贸全面发

1988年10月，陈定昌（做报告者）在二部四届职代会上讲话

展之路，肩负起历史赋予他、赋予二部的使命和责任。

陈定昌的战略思维、目标管理及规划引领发展的工作方式，不仅对二部的发展产生了重大作用，而且潜移默化地对身边工作人员的工作思维也产生了较大影响。1991 年，朱忠元执笔起草《关于二部发展规划的建议》中，结合技术结构、产品结构和发展需求，第一次提出把二部建成“大立体防御技术总体设计部”的战略目标，并进行了 10 年期规划。“大立体防御技术总体设计部”战略目标的提法，在二部讨论时有许多不同意见，主持规划制定工作的部主任也拿不定主意。无奈之下，朱忠元便到院里请教“老主任”陈定昌院长。一贯重视规划工作的陈定昌院长，对他的这一想法给予了充分肯定、丰富与完善，还主动提出要亲自找有关同志沟通。20

年后，二部实现了这一目标，并带动了整个二院的发展，陈定昌以另外一种角色在其中发挥了不可或缺的关键作用。

2.推行优秀人才战略

人是生产力诸要素中的第一要素，是决定的要素。人才是一种战略资源，是事业发展的基础和关键。人才战略的核心是培养人、吸引人、使用人、发掘人。“三个空域、四个系列”基本型系列化的任务是一项庞大的航天系统工程，需要大量的技术集成和大量的人才，需要不同的角色，更需要走在前面，能前瞻性地策划、布局、引领方向的领军人物。

走出去，请进来，自己培养，是解决人才问题的三部曲。课题新、任务新，走出去学习，无成功经验；自己培养，是重要途径，但任务压顶，远水解不了近渴，把过去随同任务变化调走、用非所学的技术人员调回来，应是上策。

陈定昌求贤若渴，与二部党委一班人一起反复与院领导和有关单位商量协调，终于把二部调出去搞导弹和指挥控制的多名技术人员，陆续请了回来。这些技术人员资历较老，有较厚实的业务技能和科研经验，他们的到来充实了二部科研技术队伍，在科研生产中日益发挥出重要的作用。

具有战略思维的人，不但注重现实，更着眼未来。陈定昌指示人事部门制定人才培养发展规划。人事部门首先对现有人员的年龄结构、体制编制结构等进行统计，发现“文化大革命”造成人才断档状况十分严重。未来二院、二部武器装备发展战略格局，要求必须首先启动和推行优秀人才战略。陈定昌马上行动，从量化分析入手，根据型号任务发展、技术需求，在5年乃至10年之内需要的人才中，搞了一个通俗易懂、直观明了的数学模型，提出人才的科学化需求。他在优秀人才战略中，提出如下设计规划和目标：

总体部的任务与人才的合理配比是20∶60∶20，即真正优秀的人才占

15%，认真培养以后可达到20%，这部分人是科研生产的中坚力量，处于关键技术发展的领军地位；其他50% ~ 60%的人在这部分优秀人才的带领下完成具体科研生产任务，尽管他们没有独当一面的能力，但却是科研生产的主力；另外还有20%的人是各种原因调进二部，由于专业不对口等，安排他们做服务保障工作。

对照优秀人才战略规划目标，点名道姓、逐人具体分析，发现能够统领和带动总体部关键技术发展的优秀人才缺位较大，在处于科研生产一线人员中，工程师和高级工程师居多，研究员却寥寥无几。

陈定昌深深懂得，大系统设计、技术储备与核心技术掌控，是核心竞争力的根本。专业造就带头人的成长，带头人牵引专业的发展。他把总体部的任务和科研方向，大体分为武器总体、导弹总体、制导总体、指挥控制、自动控制及地面设备等六大核心专业，而六大核心专业之下又细分为一百多个小的专业。统计提示需求，二部的专业设置，至少要有十几个很强的优秀人才作为领军人物。可领军人物从哪里来呢？从外面大批调进不可能，那么自己培养？没有调查就没有发言权。陈定昌到大专院校调研人才结构和人才培养情况，发现“文革”结束后，这些院校评审晋升了一大批高级职称人员，这些人曾与二院合作过，与我们一些优秀科研人员的水平差不多，但他们已晋升为教授（相当于我们的研究员）；大学里高级职称人员约占 40%，每个专业都由这些人担当领军人物。

启示给予勇气和力量。陈定昌反复琢磨，下定决心走出一条在实际工作中培养一支优秀人才队伍的道路。他首先把现有已具备研究员能力的优秀人才推向研究员位置，放在领军的重要岗位，给予压力和责任，形成放射效应，产生效法作用，使优秀人才不断地脱颖而出并且成为制度，破解人才不足的瓶颈。

思想决定行动。强烈的政治责任感和人才需求的迫切性，使陈定昌穿梭于航天工业部主管人事的领导和有关业务部门之间，汇报、交流和沟通。陈定昌向部主管人事的刘纪原副部长建议说："我们航天研究院相当于军事科学研究院，可以学习科学院和大学那种对优秀人才进行培养的做法。"刘纪原副部长觉得很有道理，立即与主管此事的劳人司蔡恒泰司长沟通并取得了共识。

"推行优秀人才战略需要迅速扩大研究员队伍，使他们在每个技术领域起到带头作用，这些人出去与军方和协作单位可以平等对话。"刘纪原副部长肯定了陈定昌的这一想法。

第二天，劳人司领导奉命带队去哈尔滨工业大学调研。哈尔滨工业大学教授数量占高级技术人员 40% 的调研结果反馈回来后，航天工业部领导决定改变职称评定方法。

航天二院研究员当时还不到 10 人，一年一般才评 1 ~ 2 人，可谓凤毛麟角，高不可攀。把大多数优秀人才挡在研究员的大门之外，随之带来的是积极性的丧失和职责职位的不匹配，很难形成有职有位、责任明确、同频共振的科研生产局面。

时势造英雄，适时出政策。难能可贵的是陈定昌提出了贴近航天实际的优秀人才战略，在人才断档的情况下，"从群众中来，到群众中去"，"航天要发展，人才是关键"，并与上级领导达成了共识。这一年，上级给二院下达了 112 个研究员指标。

按照《二部人才发展规划》设想，二部专业发展大约需要16名研究员。经反复酝酿排队，陈定昌开始对候选人员逐个进行申报动员。然而事与愿违，发生了出乎意料的结局，16人中只有一人表示愿意申报，其余15人都不愿意申报，甚至有人表示坚决不报，他们异口同声地称自己不够格，表现得很谨慎。

陈定昌陷入了深思。他意识到这一现象除了源于航天人一贯的淡泊名利、低调行事外，更深层的原因是旧习惯势力的羁绊，所以，必须引导职工冲破传统观念以及习惯势力的禁锢，认识职称评定这项改革对促进事业发展的重要意义。

一向温文尔雅的陈定昌发火了，他对大家说："不要以为评研究员只是荣誉，这是责任。"一句话惊醒梦中人，大家醒悟了，纷纷向组织报名。经过评审，最终顺利评出16名研究员。

不同单位的具体情况不同，但航天系统在评审研究员问题上存在的思想障碍却是相同的。榜样的力量是无穷的。二部的成功评审经验在二院起了引导和示范作用，其他单位纷纷效仿。在院党委的推动下，二院顺利完成了112名研究员的评审，并由此影响和带动了整个航天系统研究员的评审工作，突破了人才缺位的瓶颈，为航天科技的发展产生了积极作用。

陈定昌的深谋远虑以及对优秀人才战略的策划，不仅在对研究员评审这一件事上，还有一系列理顺途径、拓宽人才成长渠道的做法。

评审只是完成优秀人才战略的第一步，16名研究员评审完毕以后，陈定昌又别出心裁地采用在行政职务上"见习"培养、在职称上"挂牌"的办法，进行人才培养。

"见习"是把有培养前途的技术干部安排在研究室担任见习副主任，协助主任承担部分工作，并不解决级别和待遇，待考核合格后再正式任职。在见习期间，通过实战，亲身体验，学习领导方法，提高管理能力，积累经验阅历，为将来正式担任领导工作做好知识和能力方面的储备。通过见习，二部见习副主任殷兴良、总体室见习副主任张兆勇（现任 061 基地主任）等一批优秀人才脱颖而出，他们后来都走向更高层次的岗位、掌管科研生产全局的帅印。

“挂牌”是指在具备工程师、高级工程师、研究员条件的人员中，实行先在研究室统一测评，然后交到二部评委会测评，根据二部评委会测评打分的结果，按分数高低进行排队，待正式评审时，再按照排队顺序评审晋升。二部始终把“培养人”抓住不放，将其贯穿到科研生产全过程，既是出发点，又是落脚点，形成制度，大力营造人才成长的环境和氛围，铺平优秀人才涌现的道路。20 世纪 90 年代初期至中期，二部累计挂牌培养研究员 98 人、小（年轻）高级工程师 78 人。其中，破格进行小高级工程师选拔，在航天系统尚属首创。

动态中培养，流动中提高，创新中发展。人才的流动，是一个人才优化的过程，动态培养人才的更新，促进专业的快速发展，“只有流得动，才能留得住”。二部把每年从院校引进的四五十个年轻人，放在最适合的岗位上进行有效配置，实现人尽其才，才尽其用。陈定昌的优秀人才发展战略，是建立在“国家利益高于一切”的思想基础之上的，在对科研队伍建设注入一池活水的同时，他毫不吝啬地把优秀人才输送到国防科工委、集团公司、院机关等重要的领导和总师岗位，为祖国的航天事业建功立业。

陈定昌认为，青年人要成为一名优秀的航天帅才，其必备素质应包括全局观念和驾驭能力。所谓全局观念，他认为搞工程要靠集体，要环环相扣，作为抓总的人对上要能够说服领导，对下要能够协调好各方面的关系，取得方方面面的支持，按步骤一步一步地攻关，直至取得胜利。所谓驾驭能力，他认为应包括在口头方面要善于表达，善于说服别人接受你的观点，统一思想，取得支持；要有良好的文字表达功底，要善于把想到的通过论证写出来，条理清晰、逻辑性强，可操作；要擅长设计，基本功一定要很好，要有专业的基本素质；要善于协调好方方面面的接口，处理好方方面面的关系，集中各方面的优势，站在巨人的肩膀上前进。

对于年轻人的成长，陈定昌寄予了极大的希望。他把对年轻人的培养和使用，形象地比喻为搭台子（安排合适的工作和岗位）、压担子（给予一定的任务和职务）、树梯子（培养和创造提升空间）。所培养的年轻人，后来大都成为了型号和管理战线上的骨干力量。1986 年，朱忠元成为二院范围内最年轻的办公室主任；1988 年，李跃（现任中国航天科工集团公司总经理）成为二院最年轻的科技处副处长，

29 岁时任大型试验队常务副队长。1990 年，陈定昌力推 36 岁的殷兴良（后被提拔为二部最年轻的研究室主任）向国防科工委朱光亚、陈达植、王统业、王寿云等领导、专家作专项科研汇报，使殷兴良得到锻炼成长的宝贵机会。殷兴良后任二院院长、中国航天科工集团公司总经理、863 专家组组长、总装专业组组长等职。陈定昌优秀人才战略的发起和推行，为二部的快速发展奠定了坚实的基础，二部被评为国防科工委军工口的人才培养先进单位，陈定昌代表航空航天工业部参加了国防科工委的人才培养交流会，并在会上做了题为《型号发展规划和人才发展规划要相辅相成、相得益彰》的发言。

陈定昌任二部主任期间的副职或处长、室主任，后来有一大批人在部、院担任司局级领导和型号任务的总师、总指挥。

3. 军品、民品、军贸三管齐下

1984 年 11 月 1 日，我军历史上具有重要转折意义的军委座谈会，在北京京西宾馆召开。军委主席邓小平亲自出席会议，并在会上做了 90 分钟的长篇讲话。他以伟大政治家的远见卓识，提出了世界大战 10 年打不起来的科学论断，从根本上改变了若干年来“立足于早打、大打、打核战争”的指导思想，使中国军队从此走上和平时期建军的发展轨道。

邓小平以其一贯的果断风格，将坚定不移的战略决心传达给每一位将领：军队裁减员额 100 万！

于是，1985 年成为国际瞩目的中国“裁军年”。利用 10 年打不起仗的和平时期，把国民经济搞上去。随之，中央对国防工业提出“军民结合，平战结合，军品优先，以民养军”的十六字方针，力求改变过去的封闭状态和单一的产品结构，尝试发展民用产品。

二部在二院的领导下，认真贯彻中央对国防工业提出的十六字方针，大力推进“军转民，内转外”的战略转变，为保持科研队伍的稳定和留住人才，提出“以民保军”，既要完成军品主线任务，又要大力发展民品，在大环境中分散求生存、集中求发展。

面对新的挑战，陈定昌带领二部一班人，根据二部人员不足500人、年经费700余万元（在二院算是高的）的现状，统一了认识，做出全面落实《总体部发展规划》的决定：一是军品任务要占主导地位，这是总体部的生命线，是国家的战略需求，是最高利益，一定要调集优秀骨干力量确保；二是继续做好预先研究工作，为后续及将来的新型装备生产做好储备；三是为完成这一任务，必须由不足500人扩充至约900人。700余万元的年经费对约900人来说，仿如杯水车薪，难以养活，因此必须大力发展民品，增加创收，不断解决广大职工的后顾之忧，拴心留人，确保科研生产任务的完成和二部的发展。

陈定昌带领一班人的正确决策，给军品、民品和军贸的大发展，打开了政策的闸门。之后，二部利用科研和人才的优势，不断总结经验教训，使三者齐头并进，有了较大的发展。

型号发展规划和人才发展规划的有机结合和推行，已形成兵强马壮之势，以低空“红旗七号”和中高空某型号为主的多个型号，即将形成极大的生产力，继而转化为强大的战斗力。

陈定昌非常赞同凡事预则立，不预则废。型号的发展，关键是未雨绸缪，要搞好预先研究工作，一是应狠抓技术储备，为明天的发展打下基础；二是必须建立相应的实验室，以此给单位的人才赋予相应的责任。在预研方面，后来成为二院重要项目的863计划研究，就是在这一时期发端并逐渐壮大起来的。1988年、1989年，在陈定昌主持下，以殷兴良等人为主的研究团队完成了该主题综合论证方案及其仿真，从途径、方法等方面，研究论证了“机动、快速、高精度”的可行性，这一方案为项目后来的发展，发挥了至关重要的作用，也为专家组及办公室依托和项目重心转移到二院发挥了关键作用。在这个期间，陈定昌还主持了系统总体、动力系统两个专题的研究工作，参与主持了计划项目的概念研究和发展蓝图的制定。

在该项目成立之初，二部推荐出6位同志担任不同专题组的专家，是该项目科研单位中数量最多的。虽然当时只有8个合同、50万元经费，但合同数量、经费额度，均为项目各科研单位之首。鉴于项目工作的前瞻性、重要性以及战略性，陈定昌一是将其日常管理工作放在二部办公室，由他自己直接领导；二是在二部办公室成立了以殷兴良为组长的专项论证工程组，由他直接主持研究工作。这种模式前所未有，后来的效果证明了这一决策非常正确。这8个合同、一个工程组为二部未来承担总体

陈定昌（中）与杨双增（左）、徐文斌（右）在二部型号产品前留影

任务，为项目的大发展奠定了不可或缺的关键基础。

为了优化资源、加强力量，1990 年 4 月，陈定昌下决心在二部成立了一个研究室，专职于该项目任务，由二部办公室副主任任室主任、二部办公室主任兼任支部书记。这个室是该计划项目系统中第一个专职研究室，成立之初也很困难，只有 8.5 个人（支部书记为兼职），2 万元的年经费。但星星之火，可以燎原。20 多年来，在陈定昌持续性的关心、支持及指导下，该室已发展为国家某领域的总体技术研究室，获得了以两项国家特等奖为代表的多项科技进步奖和发明奖，培养出了殷兴良等 10 余名厂、所以上领导，和 10 余名型号任务两总，真正出了成果，出了人才。

在陈定昌的安排下，实验室建设工作由郑永澄同志负责。由于当时部、院两级对总体部条件建设的重要性认识不够，因而总体部实验室建设审批非常困难，争取下来非常不容易。陈定昌、郑永澄做了大量工作，他们确定的策略是——分散（线）申请、集中建设、统一协调（使用）、两级（部、室）管理。他们克服了重重困难，待项目落实后，迅速在二部 10 号楼后面盖起了一座两层实验楼，新建的 9 个重点实验室开始运转，二部的预先研究得到了迅速发展。9 个重点实验室对二部完成任务，以及后来的发展，发挥了重要作用。

二部的民品在20世纪80年代逐步形成了具有高附加值的7大拳头产品，走出了一条适合二部特点的“军民结合”的道路。

其一，1985年发展起来的闭路电视生产调度系统，由于技术先进，经过鉴定，达到国际同类产品先进水平。相继承接了天津港务局和北京煤建公司等8个单位的任务，产值260万元，收益100多万元，占二部民品总收益的18%。

其二，1985年承接了太原自来水工程的数据采集和自动检测系统，以及北京化工二厂温度控制系统，经济效益显著。

其三，1987年研制的具有自主知识产权的GZ-B型伽马相机，于1990年获航空航天部科技进步二等奖，国防科工委、国家计委、国家科委、对外经济贸易部联合颁发的“军转民高技术出口产品展览会”金奖。后走出国门，先后出售43台GZ-B型伽马相机。

其四，1987年自行投资、自主研发了我国第一代体外碎石机，用于无创治疗泌尿系统结石，取得了较好的经济效益。

其五，研制生产具有电视摄像、红外报警、烟雾报警、由计算机进行控制的安全防范系统50余套，销往全国19个省市自治区，涉及工厂、矿山、港口、医院、军火库、监狱、学校等不同单位，取得了较好的经济收益。

其六，伽马相机在“六五”期间的研制和生产，创造产值400多万元，收益100多万元，包括配置的微机系统创收益200多万元，占5年民品收益的33%。

其七，计算机汉字信息处理技术、网络技术、情报检索系统等也取得了一定的经济效益。

这一时期，二部还创下了民品发展的多个最早：

航天科研单位与乡镇企业合作最早；开办华航公司“前店后所”最早；民品发展规划最早，陈定昌主持、指导制定并亲自修改，职代会通过了二部

1988 ~ 1990 规划三年执行纲要。在 1988 年二院首次发展战略研讨会上，陈定昌与朱忠元还向二院提出建设院民品总体部的建议。

20 世纪 80 年代中期，军贸还是个新生事物。随着改革开放的深入发展，二院为了加速发展寻求新的生存发展空间，充分利用国家涉外政策，发挥全院整体优势，积极开拓国际军贸市场，专门召开会议研讨部署。会上，陈定昌认为，在国家允许的情况下，开发国际市场是明智之举。走出国门不仅能获得经济利益，同时能提升中国的大国形象，会上他第一个表态坚决支持，会后带领二部勇挑重担，在 B610、FM80 等项目研制生产中，敢于创新，克服种种困难，坚定不移并取得成功。

B610 项目是二院第一个军贸产品，它最早源自于二部，在其论证、出口、研制等工作的高峰期，恰恰是陈定昌任二部主任时期。科学的道路不会平坦，B610-00 批遭遇失利，试验人员非常难过。试验队返京时，正赶上陈定昌患急性肠胃炎，但他不顾上吐下泻并发着高烧的虚弱病体，坚持去接站。他认为越是在这种时候，自己越应当去给试验队员鼓劲。他组织队伍通宵分析失利原因，故障归零，把必胜的信念传递给大家，为后来试验成功创造了条件。上述工作保证了型号顺利出口，项目也取得了军贸总产值 31414 万元的经济效益和良好的社会

1989年6月，陈定昌（右三）率二部有关人员到江苏省泰兴县黄桥工具厂考察（该厂的麻花钻在全国同类产品市场上占很大比例）

1989年6月，陈定昌（右二）等在江苏省泰兴县某工厂考察

效益，实现了军品出口“零”的突破，职工经济收入年年上升，为实现军、民、贸三足鼎立的发展格局，奠定了基础。

在二部制定的“532”政策（即收益的50%上交，30%归集体，20%发奖金）的指引下，二部职工的工作积极性和创造性迸发出来，走出了一条自主创新、自主研制的道路，拓展了二部发展的空间，军、民、贸三足鼎立发展，使二部一跃成为二院各厂所的“首富”，职工得到了实惠，中年技术干部过重的生活负担和窘迫的生活条件得到了明显改善。在20世纪80年代初期至90年代初期的近十年间，二部积极筹建职工住房124套，分配成套福利房115套，解决了大部分职工的住房问题。在市场鸡蛋、鱼类等副食品供应不足的情况下，二部领导在征求职工意见的基础上，在北京密云建立了农场（租赁之初，陈定昌、杨双增亲自到现场堪察），建果园、挖鱼塘、养鸡、种菜，定期给职工分发鸡蛋、鲜鱼、水果、蔬菜，此举既丰富了职工的物质生活，更增强了单位的凝聚力，激发了广大职工的科研生产积极性。

军品任务的完成，预先研究的迅速发展，民品项目的开发，军贸工作的开展，给总体部带来了巨大变化。到1990年陈定昌离任时，二部的经济规模由1984年他上任时的700多万元，跃升至7000多万元，6年增长了近10倍。

4. 托起仿真明珠

仿真技术是在20世纪中期以控制论、相似原理和计算机技术为基础，借助系统模型对真实的或假想的系统，进行实验研究的一门新兴的综合性系统技术。系统仿真具有安全、经济、可控、无破坏性、可多次重复等优点，因而不仅在军事和高科技领域，而且在国民经济建设中得到广泛应用。世界各先进国家都十分重视对仿真技术的研究，并将其列为国家关键技术研究项目。仿真技术的迅速建立和发展，日益表现出巨大的军事、技术及经济效益，成为任何复杂系统不可缺少的研制、运行、评价和训练手段。

我国仿真技术的研究应用起步于20世纪60年代末期，发展却一直比较缓慢。随着我国防空和战略武器系统、运载火箭研究在“六五”期间迅猛发展，航天领域建立高水平、全功能的大型仿真中心迫在眉睫。1978年党的十一届三中全会作出了实行改革开放的战略决策。在同年召开的全国科学大会上，邓小平同志提出“科学技术是第一生产力”的思想，科学的春天到来了，这为我国仿真技术的发展和应用提供了历史性的机遇。

仿真是系统总体设计的重要手段。在导弹武器研制过程中，有了仿真手段就可以在室内实现导弹打靶试验，部分代替实弹飞行打靶，节约40%～60%的实际打靶次数，缩短研制周期30%～40%，从而节约大量的时间和经费，改变了过去单纯依靠实弹飞行试验来确定其设计正确性及最终性能的单一做法。作为总体部主任，陈定昌力主尽快上马北京仿真中心建设。1984年国家计委、国防科工委批准在二院一个废弃的球场上，北京仿真中心的奠基石被深埋在此。二院副院长徐乃明、方辉煜分别担任该工程总指挥、总设计师，蒋欎平任工程筹建处主任。

陈定昌对仿真中心的建设和发展作出了积极贡献，他不仅务虚，并且务实。

建设序幕拉开前的论证，又一次体现了他深谋远虑，站得高、看得远（仿真工程由二部承包并论证）。坚持高起点，瞄准世界先进水平，以“三个鲜明特点”来引领建设方针和总体方案，即：集战略导弹、运载火箭和各种防空导弹仿真于一体，建设世界上规模最大、技术先进的仿真结合体（包括先进的重点实验室）；总体技术和重要指标具有世界先进水平，利用国内外一切可以利用的先进设备和先进技术，充分发挥自力更生和自主创新精神；密切配合型号需求，边建边用，支撑我国二代、三代、四代武器研制，使我国导弹武器的研制手段发生更新换代的变化，从而产生巨大的军事、科技和经济效益。

从 1984 年陈定昌担任二部主任开始，他就专门召开部党委会研究仿真中心建设，并给蒋鄺平（任工程筹建处主任，后任仿真中心主任，中国航天科工集团公司科技委常委）写信提出建议，主张该中心独立运行，成立航天仿真中心，最后建设成为航空航天仿真中心。陈定昌十分重视仿真中心总体及系统方案的策划和制定，从一开始就重视一体化设计，组织专家反复研究；十分重视关键设备的研制和引进，直接指导和亲自参加引进设备的考察；十分重视整个工程的质量控制。他还把仿真技术应用积极推广到国民经济的其他领域。

北京仿真中心是我国仿真技术发展进程中的一个里程碑，在整个建设过程中，始终备受二院、航天部以及中央领导的关爱和支持，其间，中共中央总书记江泽民、国务院总理李鹏等领导都曾亲临北京仿真中心视察指导，给仿真中心建设工作以激励鞭策，加速了中国仿真技术的发展。

1992 年 12 月中旬的一个晚上，寒冬中的二院工业区一片宁静，北京仿真中心大楼里却是灯火通明、温暖如春，中共中央办公厅主任温家宝在北京仿真中心参观指导工作，并题写了“仿真明珠”四个字。

1994 年 1 月初的一天，蒋鄺平主任接到通知，要他和陈定昌院长、王可立书记一起到中国航天工业总公司开会。当刘纪原总经理兴奋地告诉他们江泽民总书记要来北京仿真中心参观时，大家都被这个喜讯振奋了。刘纪原总经理和二院领导商定，由仿真中心蒋鄭平主任介绍中心情况、陈定昌院长介绍全院情况。1994 年 1 月 8 日上午，江泽民总书记在中共中央办公厅主任曾庆红和中国航天工业总公司总经理刘纪原的陪同下，来到仿真中心，参观了各主要实验室及设备，并在听取汇报时发表了讲话，指出应该把高技术应用到国民经济建设中去，将仿真中心的技术与国民经济需求结合起来，大力协同发展尖端技术。江泽民总书记为仿真中心题词“发展我国仿真技术，勇攀世界科技高峰”。

1996 年 6 月 8 日，国务院总理李鹏在国防科工委主任丁衡高的陪同下来到仿真中心视察，并挥笔题词“发展系统仿真技术，为科技现代化做出贡献”。

中央领导考察北京仿真中心，无一例外都参观了射频仿真、红外系统仿真以及液体运载火箭和固体战略导弹仿真系统实验室。

射频仿真实验室设计突破了国际上公认的仿真技术难点——微波/毫米波仿真，不仅填补了国内空白，而且打破了美国对毫米波仿真技术的独家垄断。早在实验室设计方案论证时，航天仿真人从国情出发，选择了省时、省地、省钱的微波、毫米波仿真兼容方案，这在世界上是独一无二的，从而确立了我国仿真技术在世界上的先进地位。仅这“一室两用”的构思，就为国家节约了3000万元建设资金。

红外系统仿真实验室，其网纹镜是一个关键部件，技术要求在12厘米的镜面上加工10万个尺寸严格控制的微坑，还要解决高精度的光学系统与大力矩转台之间紧密配合的难题，使其在强大的转动惯量作用下，振动量比一根头发丝还要细小。其精度达到世界先进水平，并属世界首创。

液体运载火箭和固体战略导弹仿真系统实验室，充分利用了通用数字仿真计算机优势，采用多帧频数字仿真技术，实现了仿真全过程自动化，这在国内不仅是首创，而且其水平达到了20世纪90年代的国际先进水平。为确保造价数千万元的长征家族新成员——我国新型运载火箭能够顺利获得进入国际市场的通行证，北京仿真中心对其进行了仿真试验，大大节省了时间和经费。

北京仿真中心的建设和应用使我国导弹武器研制手段发生了更新换代的变化，对推动我国新一代武器装备的研制发挥了重要作用，成为新一代武器装备研制不可缺少的工具，对保证研制质量、节约研制经费、缩短型号研制周期，起到了重大作用，并且有力地带动了国内相关高端仿真设备的研制和生产。

战略决定未来。陈定昌的战略思维，使他的眼睛始终紧盯长远和前沿来“出思想、出主意”，因而得以“出成果、出人才”。他为仿真中心的建立、建设倾注了大量心血。仿真技术成为航空航天各类精确打击武器研制试验、实现我国“创新”战略不可缺少的工具，是研究复杂系统、多学科综合研究的有效手段。

北京仿真中心的建成，成为我国仿真领域的“领头羊”，在全国产生了巨大影响，不仅提升了我国国防科技地位，同时成为航天系统的对外窗口。仅 1992 年至 1994 年两年多时间，就先后有 20 多个国家和地区数千人前来参观访问仿真中心。来访者中，有各国总统、总理以及政府军界要员，还有许多社团领导人和专家学者等。来宾参观后，反响十分强烈，普遍给予高度赞扬。苏联部长会议第一副主席别洛夫索夫率代表团在中央军委副主席刘华清陪同下参观后即席讲话，高度赞赏中国政府领导人决策英明，中国科技人员了不起，中国仿真技术达到了世界科技高峰。美国休斯公司副总裁 A· 麦克法兰德说，仿真中心的红外实验室比他们的更紧凑，射频实验室做到毫米波、微波兼容很有特色，希望能进一步加强合作。俄罗斯“火炬”设计局导弹总设计师斯雅尔特洛夫参观后则深有感触地对陈定昌院长说，俄罗斯的红外和射频仿真实验室水平落后中国 5 ~ 10 年。在对俄合作谈判中，俄方一个项目原报价 1900 万美元，一点不让价，但在参观了北京仿真中心及二院有关设施后，主动降为 1000 万美元。

北京仿真中心的先进技术水平为对外合作撑了腰，同时还是中央党校省部级干部学习班、国防大学将军班、外交部大使、武官班的教学参观点。在很长一段时间里，仿真中心门庭若市，参观访问者络绎不绝，成为中国航天一颗耀眼的明珠。

5. 立志建成“最强总体部”

陈定昌上任后实施的战略管理和推行的优秀人才战略规划，得到了很好的推进，军、民、贸全面发展，任务饱满，职工收入提高，经济能力大增，为二部长远建设，为建成最强总体部奠定了思想、人才和经济基础。

在成绩面前，陈定昌静心思考并且认识到：火车跑得快，全靠车头带。要建成最强总体部，关键看班子。要坚持集体领导，充分发挥党委的政治核心作用和班子成员的积极性，凝心聚力是建设总体部的必要条件。而部主任和党委书记的合作配合，又是必要条件中的首要条件。

谈到二部的领导班子，不能不提到与陈定昌并肩战斗的战友、共同执掌二部帅印的党委书记们。在陈定昌任二部主任期间，他先后与张瑞（1949 年前参加革命、“文革”前曾任二院党委秘书）、杨双增（1966 年毕业于成都电子科技大学，1984 年由二院 25 所调二部，先后任党委副书记、书记，工作认真负责，政治理论和思想性强，善于做思想政治工作，密切联系群众，帮助职工排忧解难，在二部有很高的威望）两位党委书记搭档，配合得十分默契。陈定昌党性观念强，高度重视党政合作，始终坚持党委集体领导，积极主动支持和配合党委书记的工作，分工负责、精诚团结、相互支持、相互配合，在一起工作得非常舒心、愉快。二部领导班子也成为一个团结奋进、和谐高效的班子。

一个单位党政领导的配备与合作是个严肃和敏感的问题，但一个单位建设的好坏又取决于党政领导的配合是不争的事实。陈定昌在任总体部主任期间，经历了两次领导体制的变化。1987 年前，实行党委集体领导下的厂（所）长负责制，1987 年 8 月，国家经委、中共中央组织部、全国总工会联合召开了全面推行厂（所）长负责制的工作会议。之后开始推行以厂（所）长作为企事业主要负责人和法定代表人，对企事业全部经济活动负全责的领导制度。

在两种领导体制下，陈定昌都身居领导班子，实行厂（所）长负责制后，更是处于“中心”地位，大权在握。但他始终认为班子是个集体，“中心”不是唯一。全面推行厂（所）长负责制后，人们的思想一时有些混乱，有人认为党政分开，就是分家，你干你的，我干我的，曲解了党政分开的含义。二部的干部，尤其是党委领导都拭目以待，陈定昌的言行成为焦点。陈定昌在党委会上表态说："如果党政分家，我这个主任没法干，我宁愿辞职。主任离不开书记，行政离不开党委，在一个单位里党政本来就是一家，怎么能够分开？"陈定昌的一席话，使党委书记工作起来痛快多了。在陈定昌任二部主任期间，根据他的建议，二部科研生产经营管理的议事、定事基本是以党委会为主，虽是书记主持会议，但唱"主角"的往往是主任陈定昌，这种形式在当时的二院独树一帜。这样做既发挥了主任负责制的作用，也发挥了党委的政治核心作用；既发挥了领导团队的作用，也发挥了其他副职的作用，营造了班子里人人心情舒畅、勇于负责、生动活泼的局面。

思想政治工作是单位建设的基础性工作，是人们行动的总开关。"基础不牢，地动山摇"，核心价值观的形成和实现，要靠强有力的教育和组织形式来推进。

陈定昌面向未来，从长远建设着眼，与党委书记一起在二部共同打造了一支思想政治工作队伍，逐步形成了三位一体的思想政治工作体系。政工、行政、技术三个部分的骨干，组成思想政治工作研究会，共同研究思想政治工作的服务保障，成为航天系统首创。定期写论文，写心得，介绍经验，既是倡导者，又是实践者，陈定昌亲自带头讲党课，搞教育，有力地促进了科研生产。二部思想政治工作研究会被航天工业部评为优秀思想政治工作研究会。在社会上流行“党的关系属地化、党的活动业余化”时，陈定昌一是支持二部设有正处级别的专职党支部书记，二是支持二部每周四召开支部书记学习日，并经常参加。这些做法，在二院也是最早的。

负责二部全面工作的陈定昌，工作千头万绪，但科研生产工作应是重中之重的思想，在他的头脑中非常明确。在繁忙的工作中，他倡导“弹钢琴”，提出了二部管理机制的“六字方针”：一是“分层”管理，把相近的小单位分类，以类分层，将整个二部分为机关、研究室、车间及其他层次；二是“分散”管理，部领导与各领导小组按照职责分工实施针对性的分散管理，实行责任制；三是“归口”管理，所有管理都由归口部机关主管部门牵头。工作分工明确，密切配合，各负其责。陈定昌外出前，会召开领导办公会，让各分管领导汇报自己主管的工作，有什么问题和意见提出来，大家一起讨论。他外出回来后，再召开办公会，让各分管领导汇报各自的工作进度，有什么困难和问题，大家再研究解决。这样就形成了一个有条不紊的良性循环，建立起井然有序的工作程序和工作习惯，陈定昌自己忙而不乱，大家也感觉心情舒畅，干劲倍增。

1988 年，总体部成立 30 周年，也是陈定昌在二部主任岗位上工作的第四年。努力换来了可喜可贺的业绩，总体部获得了大丰收，二部百分百地完成了二院下达的 124 项考核指标，百分百地完成了上级下达的 676 项考核指标，同时完成计划外项目 87 项；军民品总产值大幅度上升，比 1987 年增长 240%，创造了历史最好纪录，圆满完成 42 次外场试验，取得了丰硕成果；获得国家、航天部、二院各种科技进步奖 39 项，在打造最强总体部的目标上向前跨越了一大步。

成绩的取得，得益于战略管理的实施、优秀人才战略的推行、军民贸三足鼎立共同发展的思路，以及强有力的思想政治工作。

企业文化源于社会实践并指导社会实践，企业精神是企业文化的精髓与核心。任何一个单位在社会实践中，都会形成具有自己个性的精神与作风。航天精神经航天几代人实践，创造出了共性精神，在这一共性精神下，因任务、结构、历史等不同，又有个性精神。30 年来，二部形成了自己的精神。当时的二部，发展规划已经明确，第二代武器装备研制即将完成，第三代武器装备研制刚刚开始，新领域的开拓正在起步，民品发展方兴未艾，人才培养迫在眉睫，单位凝聚力、向心力不断增强，上级对二部的要求不断提高……在这种环境与背景下，如何把总体部的精神总结固化下来并传承下去，达到经久不衰，形成一种价值观和行为理念（企业文化），规范和激励职工奋斗，为航天事业和二部持续发展不断作出贡献，陈定昌从深层次进行着思考，并与党委领导反复磋商、确认二部企业文化和总体部精神。

根据总体部 30 年发展的科研生产经营管理实践，陈定昌与党委书记杨双增、副总经济师胡遵乾、部办主任朱忠元以及科技处处长郑永澄，经认真研究后形成初稿，再由陈定昌逐字修改，最后形成了“全局、献身、求实、创新”的总体部精神，在党委会上一致通过并推出，同时提出“二部各项工作都要争第一”的口号，作为向总体部成立 30 周年献礼。这其中，“全局”是对总体部工作的思维要求，总体部要站在国家、部院的高度，考虑和开展各项工作；“献身”是对弘扬航天精神和事业的要求，干部职工和单位都应在工作中予以体现；“创新”是对科研、管理工作的要求，进而保证型号任务的先进性、保证单位发展有持续的活力；“求实”是对各项工作态度的要求，科学的态度是做好科研、管理工作的保障。

中央军委副秘书长刘华清在为庆祝二部成立 30 周年题词时，将总体部精神改为“全局、创新、求实、献身”。随着时间的推移和形势的不断变化，后任领导班子在此基础上又增加了具有时代特点的新内容。总体部精神是总体部之魂，激励着一代代二部人为航天事业而奋斗，培养了一批批优秀人才，推动着二部蓬勃发展。

为进一步加强单位文化建设、弘扬航天精神，陈定昌与党委书记杨双增商量开展传统教育活动，做了两件大事：一是主持确定了二部成立时间，二是完成了二部第一部《航天部二院第二总体设计部部史》。由于历史原因，二部成立时间没有详细记载，在陈定昌的支持下，二部党委决策按照国防部五院二分院二部的成立时间，将1958年10月4日定为二部成立日。陈定昌作为编委会主任，主持编写了《航天部二院第二总体设计部部史》，第一次将二部历史以“史”的形式固化下来。

在总体部精神的激励下，在二部班子的带领下，在干部职工多年的不懈努力下，二部先后被航空航天工业部评为“优秀管理企业、事业单位”“重大贡献企业、事业单位”“先进基层党组织”“优秀职工思想政治工作研究会”，连续三年被中国航天工业总公司评为“管理先进单位”；二部工会先后被评为“北京市国防工业先进职工之家和模范职工之家”；二部被国防科工委誉为最强总体部，名副其实地成为二院的领头羊，成为全面建设的标兵和样板。

1990年3月17日，二部领导带头为亚运会捐款（左一为陈定昌）

上级领导对二部的成绩和发展给予了很高评价，二院党委对二部所取得的成绩给予了充分肯定。二院党委书记王可立曾在会上说过：“二部无论从哪个角度看都闪闪发光，是块金子。军品、民品、福利和人才培养都发展得很好，是一面旗帜。”

时值二部部庆，国务委员宋健挥笔题词“猛攻高技术，再攀新高峰”；原国务院副总理、国防科委主任张爱萍欣然为二部题写“航空航天部二院第二总体设计部”部名，至今仍镌刻在二部办公大楼上。

宋健为二部题词

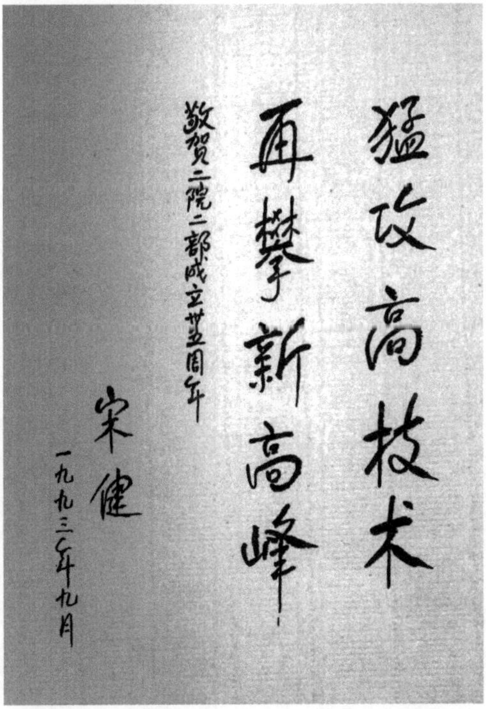

张爱萍为二部题名

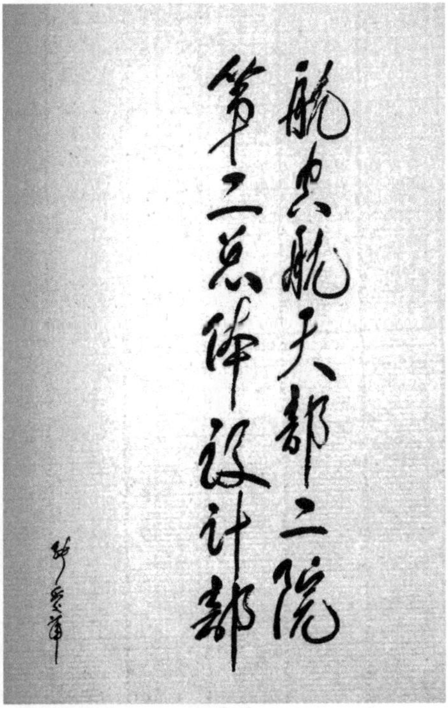

陈定昌

陈定昌院士传记

Academician Chen Dingchang's Biography

第七章

运筹帷幄
当好二院掌舵人

有人说陈定昌是专家型而非管理型干部，但走近他的人都知道，他深谙管理内涵，总是站在高处往远看，善于从顶层、总体、全局来观察、思考问题，决不在一个具体的事情里面纠结。

1. 给自己立下军令状

1945年就参加革命的老院长刘从军，留苏回来后一直从事国防工业的科研管理工作。他执掌二院帅印多年，使二院不断发展壮大，取得了令人瞩目的成绩。在老院长年事已高、即将退位之际，由谁来接他的班、充当二院的主帅，大家都拭目以待。

此时，二院在航空航天工业部内已是举足轻重，在军方也有着相当的影响力，应该说，不仅二院人和航空航天工业部领导重视和关注二院班子的建设，就连二院的服务对象、协作单位，也都关注着新院长的人选。这段时间，谁能继任院长，成为人们关注的焦点。

陈定昌副院长的呼声很高，力主他任院长的意见认为，陈定昌一直从事武器系统的总体设计，始终跟踪国际前沿，消息多，信息量大，跟军方人员熟，能尽快了解到国防科工委或总参方面有什么想法，这样能使二院与军方的联系更加紧密；他任副院长期间，还同时分管预先研究工作，在技术骨干的培养和青年队伍快速成长方面，也是轻车熟路。所以，陈定昌的这些条件，对二院今后的发展会产生至关重要的影响。

二院是以防空武器研制为主要任务的研究院，而陈定昌对这一领域的专业技术非常清楚，他具备这个方面的优势。

陈定昌就任副院长后，二院的预先研究工作有了明显起色。他全身心地投入预研，积极向上级机关和国防科工委领导汇报关于预研的一些想法和思路，十分关注重点实验室建设。为了对内、对外、对上进行有效的宣传和引导，他把二院所有预研成果通过办展览会的方式，形象、逼真地展示出来。陈定昌内心非常清楚，预先研究就是在追踪世界前沿，就是在为我们从事的神圣使命打前站，就是抓关键技术的攻关。预先研究的水平代表着国家国防实力的基础和后劲，更显现出对未来国防建设的洞察力。因为他的这些认识和实践，使他在副院长的位置上，就显示出充当航天帅才的必要素质。

陈定昌就任二院副院长之前，作为总体部的主要领导，为二院防空导弹系列以及对包括精确制导在内的一系列专业领域的设置、发展，做了大量的研究、规划和储备。作为总体部的行政一把手，他还擅长统揽全局，科学配置各种资源，注重年轻人才的培养和使用，注重各方面积极性的调动。应该说，他不仅有专业技术方面的优势，还有行政管理方面的才干。也正因为此，陈定昌便成了新院长的合适人选。这位航天系统有突出贡献的中青年专家、就任二院副院长仅半年，就顺理成章地成为人们所期盼的航空航天工业部第二研究院院长。

人们确实看好陈定昌当院长，但陈定昌本人丝毫不觉得轻松。老院长的一席话令他难以忘怀：“作为一院之长，犹如坐在火山口，随时要应对想象不到的突发事件和环境变化、安全事故、质量问题、市场竞争、任务中断、职工物质需求、国家政策调整，等等，但要发挥你的优势，迎着困难上，放手干吧！”

老院长语重心长的一席话，既是提醒，又是鼓励和鞭策，陈定昌感到压力巨大，责任重大。上任后，二院又面临着重要的转轨变型阶段，尽管陈定昌对我国防空导弹武器的历史比较清楚，从1963年入伍开始，一直在技术战线工作，从普通技术员、工程师到研究室领导，再到总体部领导，接触的都是比较宏观、总体、前沿的技术，但他深知，人类在进步，技术在发展，当今世界在向新格局过渡时期所出现的各种矛盾在不断变化，人类社会生产力的发展特别是科学技术的发展，势必会影响到现代战争的革命性变化。所以，自己除了要当好二院的家，带领全院干部职工抓发展、抓改革，还要站在国家的层面，规划好以低空、超低空、中高空为主的国家防御体系、防空武器系统的研制和生产。

上任伊始，他就给自己立下了军令状：不辱使命，不负众望，紧紧依靠党委，调动各方面的积极因素，一定带领二院人为国家防空体系建设挥洒汗

试验场留影（左四为陈定昌）

水，为二院的发展腾飞谱写篇章。

英国一位批评家曾说过：激情能比知识做更多的事情。激情在艺术家那里是创作的冲动，在科学家那里是成功的路径。可见，激情是人生的珍品，生命长河中有激情流淌的人，他的人生一定是美丽的。

新的里程碑，赋予了陈定昌新的使命，踌躇满志的新院长满腔的激情就要燃烧、就要迸发。

2. 上任忙抓三件事 —— 规划、创新和人才

新年伊始，眼热心跳、跃跃欲试而又略显焦虑的二院人，在期盼着又在思忖着：陈定昌这位上任不到半年的副院长，就被委以院长的重任，不知有何高招能使二院龙腾云起、虎啸风生？又会如何兼收并蓄、博采众长，带领全院职

工在各方面都能实现一个大跨越?

人们将目光投向了一年一度最高层、最权威的院工作会。

礼堂门前，绚丽多彩、千姿百态的鲜花被整齐地排列着，微风和着花香扑鼻而来，令人精神倍增，参会人员迈着急促的步伐进入会场。

1991年的二院工作会着实壮观，且不说会场两侧悬挂的宣传口号和全年奋斗目标、经济指标的大幅标语，主席台上就座的宾客和上级领导、军兵种领导的阵容就很强大。

新院长陈定昌的工作报告，被若干次热烈的掌声打断。

从来宾和领导的贺词中，透视出他们对二院、对新领导班子更大的期待，从听众的阵阵掌声中，更可显现出二院人对院党委、对新院长的希冀和信赖。

应该说，这一届院领导班子阵容强大、能力很强。党委书记王可立比院长陈定昌年轻四五岁，从事思想政治工作和党务工作多年，和老院长刘从军也搭档共事多年，有着丰富的工作经验和很强的与人合作、相处、沟通的能力。其他几位副院长，也各有特色，有一直奋斗在武器研制、生产线上的型号管理者，有多年从事科研计划管理的机关领导，有一级一级提拔上来的富有实际工作经验的基层领导，有精通财务、悉心理财的财会专家，等等。用陈定昌的话说，这个班子是个经验丰富、个性突出、团结战斗的集体，他欣赏这样的集体，并为在其中工作而自豪。

人生舞台的大幕随时都可以拉开，陈定昌上任之时，正是“八五”开局之年，他确实赶上了一个施展拳脚的好时机。

在认真总结“七五”工作的基础上，他描绘了一幅宏伟的蓝图。他要依靠党委，充分发挥班子的整体力量和集体智慧，集中精力，在“八五”期间，抓好三件大事：

一是抓发展规划。二院将来到底干什么？到底能为国防建设作出什么贡献？二院的路怎么走，靠什么发展？这个目标一定要明确。

二是抓技术更新与技术改造。“七五”期间，二院之所以军品任务少，民品也未形成规模，不能不说与当时的技术水准受限、与研制生产环境和条件受限有关。所以，技术要上水平，研制生产条件更要改善。

三是抓人才培养、队伍建设。“七五“期间，二院人员结构不合理，有些技术专业出现滑坡，到20世纪末，二院将有85%的厂所领导、60%的处室领导、70%的工程技术人员面临退休。这就意味着这些各层次退休人员肩上的担子要由年轻一代来承担，所以要下决心把人才培养和队伍建设放在一个突出位置。

陈定昌心里非常清楚，能否制定出一个好的、科学的、符合客观实际的发展规划至关重要。领导必须高屋建瓴、胸有全局，要善于把察敏到的前沿技术、管理经验和目标成果，通过科学的设计路径，条理清晰地表达出来，既要有前瞻性，又要有操作性，并能够成为大家共同的奋斗目标。

用陈定昌的话说就是：有了一个清晰的发展思路和发展规划，又有了一支优秀的人才队伍，再加上有很好的技术水平、科研条件、生产手段，那水平自然就上台阶了，就能办大事了。陈定昌的话，言简意赅，这几条确实是办大事的必备条件。

为了制定好二院“八五”计划和中长期发展规划，他分别召集专家、智囊团做论证、研讨，到国防科工委、上级主管部门汇报，听取意见，同时到各个基层单位调研，分析二院现状，掌握第一手资料。

陈定昌的总体思路是：“八五”计划要具体、细致、可操作，中长期发展规划要统揽全局、涵盖各方面的发展，虽说“八五”计划较“七五”计划宏观，但也要有步骤、有目标，要管10年到15年。首先要把二院的定位搞清楚，靠什么发展，发展到什么规模，再把二院人的物质文化需求搞清楚，这样制定出来的规划才更贴近实际。

陈定昌对发展规划的编制，体现出超乎寻常的关心，修改规划报告，细致、严谨到令人惊讶的程度，一个一个字地推敲，一个一个数据地琢磨。从大思路到具体措施，他都仔细审核、字斟句酌。

功夫不负有心人。科学、合理地编制规划，加上坚决、有力地实施、执行，经过全院干部职工的共同努力，至1995年年底，二院圆满完成了“八五”计划提出的各项目标和经济指标，生产总值在“七五”16个亿的基础上，增长了近两倍，达到了46个亿。而后来许多年，二院的发展始终依据当年的总体发展规划前行着。

陈定昌十分重视人才培养，他常挂在嘴边的一句话就是：多让他们承担任务，多给他们压担子；将来我们干事情，靠的就是人才；不是几个人才，十几个人才，少数的几个领军人物，而是要有一大批人才，形成一个个批次和一个个梯队。

陈定昌上任后几年，在“八五”人才发展计划的基础上，又根据承担任务的状况和各专业的划分，组织院人事部制定了二院“九五”人才发展计划。“九五”及之后的许多年，二院的整体人才队伍和各专业人才的培养，基本上做到了有序、规范。后来二院在各领域、各专业充当掌门人的多是这期间培养出来的，如：殷兴良、谢良贵、全春来、许小剑等，这几位都是初出茅庐、破格提拔的第一批年轻研究员。后来这种对有发展前途的年轻人破格提拔、不受名额限制的做法，成了成功经验和习惯做法。

在大胆起用新人、培养跨世纪人才方面，陈定昌院长和王可立书记之间的配合最为默契。他们谋划了“双导师制”，对特殊的有发展潜力的年轻骨干采取由专业技术导师和思想政治工作经验丰富的行政领导共同负责、实行一对一培养的办法。陈定昌和王可立都关注人才培养，不仅仅因为他们是搭档关系，彼此尊重理解，还有一层原因是陈定昌在总体部工作期间，就对院主管人事工作的王书记钦佩、赞赏有加，对王书记关于人才培养及干部遴选、考核的思路，不仅有所领教，更有所受益。当时，总体部大胆提拔的许多管理干部和技术干部，包括在评职称过程中，需要向一线、向年轻人倾斜的政策和名额，都得到了院党委的大力支持。所以，不论是技术带头人遴选，管理干部提拔，总师、总指挥一级领军人物的任用，陈定昌院长和王可立书记之间的沟通都非常顺畅，除了个人沟通能力和情感因素外，更重要的还是因为他们有着共同的目标，他们同受事业心、责任心驱使，他们都具备心底无私、甘为人梯的思想境界。

发生在陈定昌身上有这么一个故事：为把整个航天工业发展的成功经验传承下去，中国宇航出版社计划出版一套丛书，其中一卷在防空导弹系列中处于顶层位置的《防空导弹武器系统总体设计和试验》需要编撰。该书主编是陈怀瑾，一位防空导弹领域的资深专家，副主编及编者中还有许多老一辈的知名专家。该书关于探测制导部分，原本是请陈定昌执笔，但公务缠身的他实在没有时间，便提议让他的秘书张祖阳来写。能参加这样大部头的丛书编撰，让小张着实兴奋了一阵儿。这期间，小张多次向陈院长请教、沟通，花费了不少功夫，成就了近3万字的文稿。他想，请教了院长，也体现了院长的意图，署名肯定应该挂院长的名字，可出乎他的意料，陈院长坚持不署自己的名字，而且态度非常坚决。结果张祖阳的名字，就成了那本书上唯一一个年轻人的符号。

类似这样的事情，在陈定昌身上发生过很多次，这不仅体现了他开阔的胸襟和举贤荐才、甘为人梯、甘当绿叶的精神境界，更体现出他急于让年轻人成才、加速培养后生的紧迫感和责任感，真可谓培养人才，悠悠大事，唯此为大。

陈定昌在许多高校兼任客座教授，经常有高校请他去给学生们讲课或安排他做专题讲座。尽管他非常忙，但对这类邀请却非常重视，基本没有回绝过。办公室的同志看到陈定昌的日程安排得那么满，善意提醒他："陈院长，您那么忙，还要花那么多功夫利用晚上时间去备课，有必要吗？"陈定昌回答说："太有必要了，你看学生们对我们航天科技的那种兴趣和热情，课后还'围追堵截'我，不停地问长问短，你说这是一种什么场景啊，能吸引这些年轻的学子来加盟我们航天队伍，难道不可喜可贺？这样还怕我们航天没有人才，后继无人吗？"看得出，陈定昌真是求贤若渴，他对自己的付出，无怨无悔，总是处于兴奋中，这都是缘于他对自己所钟爱的航天事业、国防建设事业，充满着激情，对莘莘学子寄予着无限的厚望。

许多人都觉得陈定昌是专家型领导，对管理并不太擅长，连陈定昌本人有时也说："我可能更擅长专业技术工作。"但走近他的人都知道，他是在更高层次上抓管理。他之所以提出抓规划、抓人才培养、抓技术更新和技术改造，之所以注重发挥班子每一位成员的积极性，力图通过集体的智慧来成就事业，其实正是他深谙管理内涵和功效的具体体现。

有些时候，陈定昌可能对某些工作很放手，在某些时段甚至全然不过问；而有些时候，他能为一个项目立项，为落实一项技改任务，不止一次地抓计划部的同志一起跑国防科工委、跑部机关，甚至能为一个论证报告，亲自捉刀代笔、反复修改若干次，这似乎又显得太亲力亲为、事无巨细了。

其实，这正是陈定昌的过人之处，有所为，有所不为；既抓得起，又放得下，这是他的特点。他总是站在高处往远看，善于从顶层、总体、全局来观察、思考、归纳问题，而不是在一个具体的事情里面纠结，但对重要的细节，他又决不轻易放过。

陈定昌的一些合作伙伴曾这样评价他：隐忍、自信，不浮躁，心胸坦荡，很少风风火火；他总是在总体上、在最终的结果上，把握着大方向；事情不顺利时，他会帮你分析、判断，理清思路，化解难题，成功时，他也不会忘乎所以，从不以成败论英雄。

陈定昌在院长岗位上所表现出来的具有感染力的管理方法和技巧，正是他的素养和学识在实践中的运用和升华。

3. 充当改革的弄潮儿

陈定昌就任院长后,《春天的故事》开始了，一首旋律动听的优美歌曲响彻神州大地。中国改革开放总设计师邓小平发表了震惊中外的南方谈话，继续深入推进中国的改革开放。

小平同志的重要讲话犹如灯塔，照得人们心里透亮，字字千钧，句句震撼。

二院的党委中心组成员连续几天学习、消化小平同志的讲话精神，中心组学习秘书将小平同志讲话的主要精神和核心内容，浓缩成“革命是解放生产力，发展才是硬道理”等六个要点，发至每位领导手中。

二院的决策者们一边学习、领会小平同志的讲话精神，一边思考着我们该怎么办？如何在我们的科研生产活动中、在二院的发展改革中，贯彻小平同志南方谈话的精神？院长、书记在认真思考着，班子的每一位成员也在思考着，他们一起商讨着二院的走向，尽管“八五”计划已经制定并且实施，但如何保证计划的顺利实施，怎么使计划实施得更快、更有质量？每位成员都发表了自己的看法。

中心组成员的发言既是自己认识和态度的表述，也在起着交换意见和彼此启发的作用。班子每位成员都在思考着自己分管的工作如何进一步深化、细化、改进、提高。此时的陈定昌当然也已拿定主意，除了抓好分管工作以外，还下决心亲自主抓下一阶段二院的改革工作，他要借小平同志南方谈话的东风，主持制定出二院深化改革的总体方案，把二院的改革向纵深推进。

会后的相当一段时间，陈定昌组织班子进行调研，认真分析二院现状，同时抓紧起草一系列配套文件。包括：科研改革的目标、任务、措施；二院二次创业的方针、政策；争军保军、资源整合、发展民品、提高效能的举措；军、民、三产三支队伍，如何相互支撑、相互支持、相互补充的实施细则；等等。

文件起草小组成员白天做调研和伏案疾书，晚上到北京仿真中心二楼向院长、书记汇报并讨论。那一阵子，“如何应对大环境”“如何在发展军品的同时，大力发展民品”“如何提高经济规模、经济效益”“如何制定二院二次创业的发展方针”等诸多问题，已经成为二院决策者们脑子里存储的头等重要信息。

此时，“二次创业发展方针”的雏形，正在逐步形成。

七月的北京，骄阳似火。

一次较高级别的决策会议——二院院务扩大会，在北京市昌平区六亭饭店如期召开。与会者是院领导，各厂、所一把手，机关各部部长等，主要议题是讨论如何贯彻小平同志的重要讲话精神，应形成怎样的二院深化改革总体方案。

饭店两侧的鲜花映入人们眼帘，好美的花，开得正盛，开得正艳，给这里增添了几许生机。

全院各厂、所主要领导济济一堂，共商院事。看那各抒已见的热烈场面，听那滔滔不绝、铿锵有力的发言，让与会者深切感受到一种春天的气息。各厂、所均有高招，与会领导不同角度的发言都充满着战斗力和火药味。有单位提出“以民立所”的口号，有单位提出“一所两制”的见解，有单位已确立了“前店后厂”的发展模式。会上，一致的意见、相左的观点随处可见，但大家内心都清楚，持有不同意见是正常的，出现的争执也是善意的和负责任的。

1992年7月，陈定昌（左一）在二院院务委员会扩大会上

航天系统体制的变化，国防科研拨款制度的改革，使得院、厂所成为了市场竞争的主体，必须转轨变型，必须发扬自主、自立、自强的精神，必须面对计划和市场的双重压力，走军民结合的路子，以适应市场的竞争。这就是与会人员的共同认识。

在广泛讨论的基础上，经过决策者们认真策划，“争军保军、促民上民、发展三产、多种经营、开拓市场、走向世界”的宏图大略出台了，这也是二院二次发展、二次创业的大政方针。这“24 字方针”，犹如军令和战鼓，在促二院转变，甚至可以说是在逼迫二院实施由单一军品型向军民结合型、由科研型向科研生产经营型的转变。这种转变是必须的，也是势在必行的。

在认同“24 字方针”的基础上，与会代表们又在逐条讨论二院深化改革的总体思路和改革总体方案：坚定不移地走科技工业集团化发展道路，使二院成为高科技、高效益、高文明水准的科研经营实体；在确保军品指令性任务的前提下，把厂、所推向市场；实行军民品分线管理；以承包经营为主，发展多种经营形式；军品研制生产遵循价值规律，实行全成本核算；民品以市场为导向，加速科技成果转化；加快第三产业的发展；积极推进人事、劳动、分配制度改革，尽快建立干部能上能下、人员能进能出、工资能升能降的机制；建立公积金制度；提高机关的办事效率和经营管理服务水平等；不一而足。

改革的大潮在冲垮着旧意识的大堤，把市场经济的热浪涌灌入每个人的心田。

《二院深化改革总体方案》终于出台了，取得了阶段性成果。这方案是根据国家大环境和二院院情、发展，二院人的物质文化需求，经历了充分调研、凝聚了集体智慧，反复讨论修改后才出炉的！谁都知道，改革本身就是一场革命，就是政策的再调整、利益的再分配。再好的方案，实施起来也会有困难、有风险，

二院宣传工作会与会者合影（前排左四为陈定昌、左三为王可立、左五为陈金坤）

但所有人又都清楚，不改革绝对不行，在严峻的形势面前，决不能等待、观望，决不能束手无策，裹足不前，一定要迎着困难上。

决策者们和全院干部职工都在翘首以待，期待着改革给二院带来新的契机、新的变革，带来更好的发展前景。

二院党委顺应了历史潮流。陈定昌院长也顺应了历史潮流，成为改革的弄潮儿。

4. 壮国威，二院必须以军为本

二院二次创业的"24 字方针"，是二院在相当一段时期发展的重要方略。

什么是争军保军？就是在任何时候，军品都不能丢，军品是二院立足的根本，必须要争，必须要保。发展军品也是国家赋予二院的神圣职责！

有人曾提出质疑：争军保军和军转民、军民结合、军民一体化是否矛盾？争军保军是否影响军转民、军民结合、军民一体化？

其实这是两个不同的概念，彼此并不矛盾。

陈定昌就任院长后的几年，正是国家军工体制调整、军费削减、军转民的呼声逐步高涨的时期。事实上，当时许多军工企业也都分出了相当的人力、财力从事民用产业，国家也提倡将解密的军工技术转移到民用领域。军工企业要充分利用自身的优势，发挥出军事工业对民用工业的补充和促进作用。

尽管军转民的必然结果，应该是军民一体化。军转民就是军事工业由军事专用性的科研生产转向军民结合性科研生产的一种特定运行机制，但由于当时人们对军转民认识上的偏差，不仅认为军转民的提出，会导致军费的压缩和削减，甚至认为军品研制队伍也有被分化或解体的可能，实践中难免出现一些失误，军民之间也未能做到有效互动。

二院面临的严峻形势，首要的就是军品任务不足。在军品任务不足的情况下，院属各单位已在思考如何应对大环境的挑战，已在争取军品任务的同时，考虑如何发展民用产业和第三产业。不能不说，“24 字方针”正是二院决策层高瞻远瞩、正确把握时局而提出的重要发展方针。

陈定昌对于“24 字方针”，以及院党委提出的“以军为本、以民为主、开拓市场、走向世界”的指导思想，始终是积极支持、拥护并努力推行的。作为一院之长，他清楚地记得，在航空航天工业部工作会上，林宗棠部长特别强调：军工第一和以军为本的思想，一定要根深蒂固；在部两总扩大会和计划会上，刘纪原副部长也曾多次强调过这一问题。所以，陈定昌始终坚定地认为，无论从国家的利益出发，还是从二院的发展大局考虑，二院以军为本的思想决不能动摇，应该努力争取到军品任务的研制和生产，应该、也必须走型号研究院道路。二院不仅有这支队伍，也有这种实力。只有军品才是我们的立院之本。

陈定昌的认识也是二院党委班子的一致认识：洗衣机、电冰箱做得再好、技术含量再高，至多也是市场份额增大，效益提高，方便了人们的生活，而国家防空体系的健全、导弹的射程、制导的精度、威慑力的增强，是国家赋予研究院的使命，是关乎国家安全、战略成败，体现国防实力的要义！这两者岂能同日而语？！

陈定昌在二院1994年工作会议上做工作报告

他的这一番认识，不仅是作为一院之长从法定代表人角度上的认识，更是站到了国家高度、全局高度上的高屋建瓴的认识。

争军保军、以军为本，就是要积极主动地争取和承担军品任务，就是要从国家的安全大局出发，向上级主管部门介绍信息，推荐产品。在推荐产品的同时，又要以自己的实力参与国家急需项目的竞争。不仅重视已争取到的现有型号的研制，更要重视对后续型号的预先研究。国家有了国防建设急需的军品型号，才能算得上有了战略支撑，我们工业部门、科研院所，我们这些从事武器系统研制的科技工作者们才算尽到了自己的责任。

为了争军保军，陈定昌非常关注预先研究工作。虽然预先研究工作在眼前产生不了效益，但它是发展新型武器装备先期进行的一种科学研究和技术开发，更是实现技术储备、促进型号立项、开发经济增长点的重要支撑。

在陈定昌的提议下，二院正式成立了预先研究处，以加强对型号和专业发展战略研究的管理，制定了加强预研管理的若干措施，并在航天系统内率先建立预研研究师系统，设置了以总研究师、副总研究师、主任及副主任研究师，多个专业副总研究师、重点课题主任及副主任研究师为骨干的研究师队伍，为预研工作提供了组织保证。

针对高技术条件下局部战争作战模式的新变化，陈定昌率先提出研制一种新型高空远程防空导弹的概念和建议，在得到了国防科工委领导的高度评价和认可后，他积极组织研发“红旗”系列地空导弹，以此型号带动二院的未来发

领导、专家在重点实验室留影（从右至左为夏国洪、陈定昌、王可立、徐乃明、刘纪原、方辉煜、栾恩杰、李伯虎）

展，同时巩固了二院在空天防御型号院中的地位。通过“八五”期间对上述“红旗”系列地空导弹的预先研究，二院逐步建立和完善了新型地空武器系统概念，确立了研究思路。

陈定昌不仅关注地空导弹的研制，还时刻不忘中程战略武器的研制和升级。他十分关注“东风二十一号”后续型号研制。当时中程战略武器的研制条件，并非处于最佳状态，从事中程战略导弹研制的第四总体部非常困难，经费很少，甚至发不出工资。陈定昌作为一院之长果断决策，一定要保持这支研制队伍的稳定，一定要鼓励他们坚持下去，于是，他科学地进行资源配置，并贷款给四部继续进行研制和试验，最终圆满完成研制定型并装备部队。

陈定昌积极参加并努力将国家高新技术项目“863”计划任务争取到二院来，在为国家作出应有贡献的同时，也对二院的长远发展，对二院人才队伍的培养，发挥了重要作用。

中高空防空导弹系统是二院承担的一个非常重要的型号，陈定昌担任院长期间，正是该型号完成了三年技术攻关，即将转入工程研制的关键时刻，国际上却出现了苏联解体，空军引进苏制某型导弹的新情况。面对此情，陈定昌带领大家想办法，意识到只有提高该型号的性能指标，在技术上上台阶，才能保证后续任务。于是，积极寻求开展对俄合作，最终保证了该型号的优异性能和先进的战术技术指标。

陈定昌对型号的发展思路非常清楚，对整个发展阶段、研制程序，都做到了如指掌，成竹在胸。他动了很多脑筋，对院里整个体系进行了划分，把不太规范的零散的格局，划分为两大体系、四个系列的导弹武器系统。两大体系即战术导弹和战略武器，按照作战距离和空域划分形成四个系列。这些型号的研制成功、设计定型、生产装备部队，得到了党和国家领导人以及上级机关领导的高度赞扬，在国防建设上显示出了重要作用和威慑力量。两大体系、四个系列形成了二院型号发展的基本格局，这些按任务和专业进行的规划和布局，对二院后来的发展，起到了至关重要的作用。

陈定昌对军、民品之间关系的把握，是在更高层次上对二院“24字方针”的诠释和理解，起着把握方向，统揽全局，权衡利弊，勇于舍弃眼前点滴得失，不仅站在本单位、本系统角度考虑自身发展，更是站在国家层面，谋划大战略、大规划这样一个掌舵人的作用。

如果说，他对国防建设大业和部队装备急需的切身感受、对中央指示精神的深邃认识以及他的创造性思维，是他作为一院之长的非凡之处的话，那么，使这一切又逐步成为二院班子和广大干部职工的自觉行动的现实，更彰显出这位院长的过人之处。

陈定昌（右一）陪同中共中央政治局委员、北京市委书记李锡铭（左一）和北京市委秘书长袁立本（后）参观二院建院35周年展厅

5. 海湾战争的启示

海湾战争的战火刚刚点燃，就引起了世人关注。

伊拉克拒不执行联合国安理会 678 号决议，迫使多国部队航空兵于 1991 年 1 月 17 日凌晨 2 时空袭伊拉克，发起“沙漠风暴”行动，海湾战争由此爆发。

这场战争从 1 月 17 日开始到 2 月 28 日结束，历时 43 天。其中，伊拉克参战 43 个师，有 38 个师被重创或歼灭，6.2 万人被俘，3847 辆坦克、1450 辆装甲输送车、2917 门火炮被击毁或缴获，107 架飞机被击落、击毁或缴获。而多国部队的损失和伤亡数字却很小，共有 126 人阵亡（其中美军 74 人），300 余人受伤，12 人失踪。

谁看这组数据，都会觉得不可思议，号称 120 万人的伊拉克军队，怎么连一点还手的力气都没有？

海湾战争尽管是一场局部战争，但却是一场特殊国际背景下的世界性的局部战争，是一场在核生化武器威胁下的常规高技术战争。世人敏锐地感觉到这场战争势必会对未来战争产生重要影响。

1 月 17 日战事刚开始，中央军委就异常关注，并多次强调，要掌握海湾战争动态，研究其经验教训。中央刚发声，解放军三总部、国防科工委、各军兵种、各军区，以及军事科学院、国防大学等单位便加快了动作，全方位、多层次地展开了对这场战事的关注和研究。

中央军委副主席刘华清指出：“海湾战争是一场海、陆、空、天、电多方位、多手段的常规化战争，是二战后投入新式武器种类最多，技术水平最高的一次战争，这表明，军事技术，尤其是高新技术，越来越成为战争中的制胜因素。总参情报部、军事科学院和有关单位注意掌握海湾动向，收集情况，立即展开对这场战争的各方面研究。研究别人的经验教训是一个方面，关键要研究我们怎么办？为军委提出切实可行的建议。”

国防科工委很快就下发了一份《关于研讨海湾战争对我国国防科技和武器装备发展启示的通知》，要求各方面专家以我军积极防御的战略方针为指导思想，站在全局的高度，从我国国情出发，联系海湾战争的实际和周边情况，运用大系统观念、整体观念对这场战争进行综合分析和研究。

国防科工委研讨会会场气氛热烈。出席会议的有国防科工委科技委副主任叶正大中将、聂力少将，有中国科协主席朱光亚，还有军界与工业部门的主管以及多年从事武器系统研制的科技人员，可谓精英云集。各路专家各抒己见：海湾战争标志着机械化战争的结束、信息化战争的开始！海湾战争充分证明了精确制导武器的非凡作用！海湾战争震撼了传统的战争观念，推动了世界范围内新的军事革命！

会上的真知灼见，让与会者耳目一新。

陈定昌在会上谈了自己的见解：科学技术发展所引起的战争特征的革命性变化，主要表现在，武器装备充分体现了高新技术；打击方式已不再以大规模毁伤为主，而是突出精确打击；空中作战已成为一种独立作战样式；机动作战是进攻作战的基本方式；远程火力战是主要的交战手段；电子战是伴随“硬杀伤”所不可缺少的作战方式；战争的协同性和时间性空前突出。

陈定昌提出一个新颖的观点：未来战争已经从

单个武器系统对抗演变为体系对体系的对抗，海湾战争的特点就是体系对抗。第三代武器装备体系，发展了以空制地、制海、制空，空地一体化、空海一体化的装备，美国使用的第三代空袭体系对付伊拉克第二代防空体系，隔代体系作战必然导致后者失败。未来战争，信息战、电子战、导弹战地位将更加突出。攻防双方总是在寻找对方体系的薄弱环节，立足自身优势，通过发展不对称手段，形成新一代体系的制衡能力。

未来的对抗必将是涵盖多维作战空间的体系级对抗，所以我们一定要加快防空体系建设，必须发展和装备对空反辐射导弹，必须对不断升级的攻击体系的新特点及早谋划，研制新型的战略杀手锏武器，为我们的发展赢得更长的和平时期。

陈定昌的这些真知灼见、重要观点，不仅引起了与会者的热烈反响，也引起了高层的极大关注。

有些与会者对陈定昌不太了解和熟悉，只闻其名，跟他没有工作上的接触，听完他的发言后，都急切地想与他交流，大有相见恨晚之意。许多专家评论说，陈院长长期从事武器系统的总体设计，跟踪世界前沿，洞察现代战争的军事变革，嗅觉高度灵敏，所以他剖析这场战争的规律和未来战争的走向，凸显出了超前的意识和非凡的透视力。

国防科工委的研讨会尚未落下帷幕，航空航天工业部的研讨，二院的分专题组研讨、分析及各种论证，也都紧紧跟上。

其实，思想敏锐的陈定昌从海湾战争一开始，就紧密关注着这场战事。“沙漠风暴”行动伊始，他就找到二院总体部八室，要求他们迅速开展情报收集与战事研究工作。八室主任殷兴良曾是陈定昌的学生，接到陈院长指示后，他意识到任务的紧迫性，立即放下手中的其他工作，投入到情报资料收集、分析和研究活动中去。

陈定昌在国防科工委组织的高层研讨会上的发言，仅是他观点的浓缩和全部思维的梗概。他同时还参加了其他相当层次的各类战事研讨会和讲座，发表了他的真知灼见。

陈定昌的案头铺满了各种资料：情报室查阅的资料，编译室刚翻译的战事报道，准备上报的有关体系对抗概念的论证报告，总体部和专业所就海湾战争的战况、战局，包括各种军事装备使用、性能、效果分析等，不一而足。

作为院长，他委托沈忠芳副院长、院科技委方辉煜副主任具体负责这方面的研究工作（沈忠芳 20 世纪 60 年代曾任总体部战略研究组组长，方辉煜 20 世纪 80 年代曾任总体部主任，他们都有着较宽的专业面和丰富的经验），并成立若干个专题组，对海湾战争各种军事装备的性能、使用效果再做分析，对美军空袭伊拉克和海湾战争的作战模式、典型战例再做探讨，对在原来三个空域、四个系列的基础上扩展后的体系对抗、防空、导弹防御以及预警、指控、电子战等更为广阔的领域再做思考和研究。

那段时间，陈定昌格外忙碌，特别和院内外情报所的联系非常密切。他知道，拥有了情报就等于掌握了先机，掌握了先机就赢得了主动，赢得了主动才能抢占制高点。他要完成给中央军委的报告，要提供翔实的背景资料供领导决策时参考。

一向对部下宽容、关爱有加的陈定昌，在这段时间，对其下属的工作状态，要求得格外严格，稍有马虎，他就提出批评。秘书小张回老家成都探亲，陈定昌超常规地提出要求："现在正忙，如果可能，早点回京。"小张马上回答："请院长放心，处理完家事，一定提前归队。"结果，那一次的回家探亲，成了小张回归故里记忆中，时间最紧凑、效率最高、印象最深的一次。

记者的嗅觉超常灵敏。通过二院对外宣传渠道，新华社一位资深记者提出要专程来二院，就海湾战争直接采访陈定昌院长。当时，军工科研院所对外宣传是有控制的，不仅仅是为了保密，信奉低调、不张扬、少说多做、做无名英雄是航天人的特点。二院宣传处处长程国海直接面呈陈定昌，就采访的具体安排逐一汇报，得到了他的认同，但双方见面地点没有选在办公室，而是选在了离院长办公室最远的一间小会议室，陈定昌说，这样没有电话干扰，没有人来找，可以专注些、多谈些内容，且时间不必受限，除了海湾战争的话题外，航天是干什么的，二院是干什么的，要结合海湾战争案例做些宣传。宣传处长程国海心领神会，旋即做了安排。那次采访持续了近三个小时。陈定昌在介绍了海湾战争的特点后说，从作战双方成败得失来看，空袭和防空将成为未来战争的主战场，而大力加强我国防空体系的建设确是当务之急，刻不容缓；二院将按照"未来型号需求牵引、专业技术发展推动"的原则，以预先研究为手段，集中力量突破对重点型号发展有重大影响的关键课题，有选择地跟踪世界航天科技的发展。记者对陈定昌所谈内容表现出了极大的兴趣，当即表示，今后要常来二院，进一步深入了解二院，让更多的人认识二院。

第二天，新华社记者来访二院一事，在行业报头版刊出新闻，配以醒目的大标题：陈院长接受记者采访，记者对二院兴趣陡增。

人们关注海湾战争，可能更多的是关注战争双方的装备状况，诸如技术含量高的新型武器，其性能和杀伤力等。陈定昌除了关注这些情况外，更多是关注多国部队的作战手段、进攻方式，关注多国部队施展出的体系作战能力。

海湾战争已经从单个武器系统对抗演变为体系对体系的对抗。从体系角度讲，以空制地，打的是装甲，那就必须直接命中，一举歼敌，而这个靠什么，靠的就是精确制导。海湾战争的重要启示是“体系对抗”、电子战，不同代的武器无法对抗。必须加快发展我国精确制导武器。陈定昌的这些重要观点，为今后的武器发展指明了方向。

陈定昌组织起草的给中央军委的报告中，详尽阐述了空天防御的重要性，提出了如何利用海湾战争给我们的重要启示，进一步强化我国的防空体系建设，加速发展我们的武器装备。该报告思路缜密，逻辑性、说服力很强，体现出以陈定昌为代表的科技团队的探索精神和丰富的创造力，也体现出他在武器研制方面超乎寻常的嗅觉和灵敏度。

陈定昌的表现，得到了国防科工委领导的高度评价，认为报告论据充分，提出了今后若干年我国尖端武器研制战略规划和我国防空体系建立的思路与走向。

有人不解，为什么陈定昌能做到眼光超前、思维超前？答案是，这些都源于他站的层次高。他能站在国家的层面，站在战略的层面，始终保持着一种大视角，在掌握很多资料的前提下，脚踏实地地为国家安全谋划，所以，他才能用一种超前的、透视的眼光，产生出一种和别人不一样的认知。

一位哲人说得好："目标的坚定是性格中最必要的力量源泉之一，也是成功的利器之一。没有它，天才也会在矛盾无定的迷径中徒劳无功。"

陈定昌决不会徒劳无功，因为他的目标始终是坚定的。为了强军，为了报国，他的内心，蕴藏着坚强的信念和执着的追求！

6. 好记性与好口才

航天部老部长李绪鄂曾任一院14所所长，工作上常和二院二部打交道，不论是探讨前沿还是切磋技术，或者是各自争取任务，都免不了与二院"唇枪舌战"。李绪鄂说："在某些方面，一院没法和二院比，从专业技术方面来说，理论上我们说不过二院，二院理论水平高，尤其是二院的陈定昌，我们讲不过他。"这也许是李绪鄂这位老部长的自谦，亦或是调侃玩笑，但从另一方面，确实反映了陈定昌的理论功底和他的技术水平。

其实陈定昌不是一个争强好胜、呈一时口舌之快、说话总想占上风的人，和他接触过的人都了解他的性格——待人谦和，温文尔雅，说话慢条斯理，很少激动和慷慨激昂，只有讲到自己热爱的专业或者论证到技术方案时，他才有板有眼、滔滔不绝，才会对上、对外宣讲、游说，直到说服对方。有时，他还真那么率真，表现出一种特有的顽强精神和不屈不挠的品质。

陈定昌的理论功底和良好口才的形成，与其勤奋好学和固有的好奇心分不开。他对新生事物、对前沿技术，天生保持着一种特殊的敏感；遇事总要问个为什么，尤其对自己不清楚的，或对别人所谈有质疑的，他一定会刨根问底，弄个明白。这自然成就了他的好口才。

陈定昌的知识面宽、掌握的信息量大，是众所周知的。他能把世界各个时期、各种武器的杀伤力、作战效果，说得头头是道，一些典型武器和常规武器的性能及指标，他能记得滚瓜烂熟。对美国和西方发达国家的军事发展动态很清楚，对国内的武器发展和军方需求也都知晓。他能完整地提出我国的战略、战术武器如何发展的思路。具备这样的功底，再加上清晰的表述，他自然成了人们心目中的“好口才”。

陈定昌在军方的威望很高，国防大学一些将军班、大校班，经常请他去讲课。北京仿真中心曾是航天对外的一个窗口，陈定昌只要有时间，就会亲自去给中央党校省部级干部及外交部大使、武官们授课。

陈定昌很善于把一些复杂的事情简单化，能够抓住要害，让听众听清楚，甚至把高超的技术理论演绎成科普语言，使外行也可以听明白。二院、集团公司有些重要项目需要立项论证，要请他去。他从表象讲到内涵，从效能、机理讲到发展前景，这样的授课效果，自然感染了听众。其他人可能讲到五六分，他能讲到八九分，讲得让人振奋，听得使人心服口服。

有一次，总装精确制导专家组在哈尔滨工业大学开会。会议结束后，校领导专门请他这位精导专家给学生们讲课，结果，陈定昌洋洋洒洒，一口气讲了几个小时，会场气氛异常活跃，台下学生们的激情，一下子被他的精彩演讲给煽动起来，台上台下形成互动，陈定昌现场回答了学生们提出的许多问题。

陈定昌不仅语言流畅，而且不论什么场合、面对什么听众，他讲话从不怯

陈定昌（左）向军方领导介绍二院产品

陈定昌（左）与军方领导畅谈

场，包括江泽民总书记、李鹏总理来二院视察，他都能不慌不忙，侃侃而谈，恰到好处，得体、稳当地向总书记、总理汇报情况和回答问题。不管是在中央领导面前，还是在普通群众面前，陈定昌的表现都是一个样，从容不迫，淡定自如。

有人向他请教练就出好口才的高招？他笑了笑

说："我也得准备啊！比方说明天要开会发言，今天就得准备，有些写在本子里，有的记在脑子里，不做准备肯定不行，当然有些资料是早就印在脑子里了，只要是我关注的信息，看了就忘不掉。"最后这句话，画龙点睛，道出了问题的关键。

同样去参观展览会，他能发现很多其他参观者发现不了的东西，而他关注、敏感的内容，正是与他从事的事业密切相关的，也就是他所说的"我关注的信息"。对"我关注的信息"，他总是表现出超常的专注和浓厚的兴趣。

稍微留心的人会发现，陈定昌的身上常常带着一个小本子，这个小本子记什么呢，用陈定昌的话说："就记自己不知道的东西。"一天中碰到了哪些新鲜事、哪个新问题、哪个新名词等，他都会把它们先逐一记下来，回去以后再慢慢考证、总结、积累。他的这种学习方法，既不时尚，也不超前，算不上很高明。但他那种永远追踪前沿，瞄着高、新、尖技术，不断超越自我的精神，却是难能可贵的。正是这种精神，使他打下了扎实的理论基础，积淀了丰富的实践经验，产生了超常的创造性思维。

和他共过事的同志说，就因为他太爱学习，太爱钻研了，所以，他才对他有兴趣的事情格外用心，研究、分析得更透彻，才具有这样的"本钱"，能够侃侃而谈。

孔子言："言之无文，行而不远。"意思是说，人们说话和作文，如果没有内容和文采，就不能流传得久远。写文章，是为了表情达意、记事明理，而情和意、事和理，是需要借助语言来表达的。说话写文章都应当讲究艺术，让其生动活泼，发挥更大作用。

生活中有许许多多小事，可能会被人们忽略，或三言两语一带而过，但凡是寓意深刻、有深刻背景的事，只要经过陈定昌的深入思考，再经过他语言的组织和传递，就会让人们觉得事情虽小，然意境深远。

语言流畅、善于表达，是人的一大优势，也体现了一种胆略。有的人平时能说，但换了环境，换了听众，就缺乏底气，不敢说了。说到胆略，陈定昌这样解剖自己："从年轻的时候开始，不论做事，还是拿主意，总是做在前面，说在前面，直到后来挑了重担，当了领导，这个特点一直没变。有时为了争取任务，该怎么说就怎么说，包括当年和大科学家钱学森接触时，也是有什么问题就提什么问题，想承担什么任务，就直言不讳地提出来。"

语言流畅、侃侃而谈，是陈定昌的一大优势，但有时也会遭来一些小小的"非议"。讲课、报告中每每讲到兴之所至或重要之处，他往往会议论生发，洋洋洒洒，难免没有控制好时间，出现"拖堂"和"超时"，特别是到了吃饭时间，一些听众便会出现小小骚动。在陈定昌任总体部主任时，年轻的后生跟他开玩笑说："陈主任，下次听您讲课，我们得带着面包来……"陈定昌马上回应说："下次注意，一定注意。"大伙儿一块笑开了。

陈定昌的名字在航天系统有着相当的知名度，他口才超群，直到晚年还发挥着重要作用。2011 年中央发出学习黄纬禄先进事迹的号召，已 74 岁高龄的陈定昌院士，踊跃参加了黄纬禄先进事迹宣讲团，有声有色地活跃在演讲台上。他高超的演讲技巧，加上那浑厚、磁性的嗓音，使演讲的感染力达到最佳效果，获得听众一次次热烈的掌声。

陈定昌（左）与黄纬禄（右）、徐乃明（中）一起探讨工作

战友情（从左至右为陈定昌、黄纬禄、王尚虎、刘大钧）

陈定昌

陈定昌院士传记

Academician Chen Dingchang's Biography

第八章

古稀之年 踏遍青山人未老

年近八旬的陈定昌院士依然精神矍铄、目光睿智、腰杆挺直，尽管年纪渐大，身体也有病痛，但在别人颐养天年、含饴弄孙、享受天伦之乐时，他仍在不知疲倦地忙碌着……

1. 老骥伏枥不停歇

踏遍青山人未老，风景这边独好。

如今已近耄耋之年的陈定昌，每日依然有很多工作要做。老友劝他歇一歇，过过清闲的养老生活，但他从未接受，也从未放慢脚步，他知道自己还有太多的事情要做，还要继续追寻自己的强国梦想——为军队打造精良武器，为国家培养后备人才。

2009 年，陈定昌迎来了人生科技生涯的一件大事，当选为中国科学院院士。

中国科学院院士是国家设立的科学技术方面的最高学术称号，为终身荣誉。但陈定昌最为看重的，不是其中的荣誉和待遇，而是这一称号给了自己更好地为祖国、为航天、为人民工作的机会。老骥伏枥，志在千里；烈士暮年，壮心不已。在人生的新起点上，陈定昌再次扬帆启航。

《中国科学院院士章程》第二条对“院士的义务与权利”作了如下规定：“积极促进科学技术的研究、发展和应用，努力创新，做出成绩；提倡科学道德，维护科学精神，发扬优良学风，普及科学知识，起表率作用；积极培养人才，推动科学技术队伍建设；参加院士会议，承担中国科学院学部组织的咨询、评议任务；积极推动科学技术领域的国际交流与合作。对国家科学技

2010年，在中国科学院院士新春团拜会上，陈定昌（右一）接过中国科学院院长路甬祥（前）为其颁发的院士证书

术重大问题的决策有建议权；对院士候选人和外籍院士候选人有推荐权；有选举和被选举权。”当选中国科学院院士几年来，陈定昌无时不在认真积极地履行这一义务和权力，工作较以前更加忙碌了，有时一天就要参加几个会议。近年，他承担了不同领域、不同部门的多项工作，大致可分为这样几个部分：一是在国家863计划相关主题工作中，担任了几个重要项目的任务总师；二是承担军队系统国防某专家顾问组、探索项目、某特殊应用指导委员会工作、空间问题对策研究专家组组长等工作；三是在总装备部、国防科工局、中国航天科工集团公司及二院四个系统或层次的科技委工作；四是传道授业，担任总政治部开展的军队高层次创新人才工程的高级代教老师以及数所大学、军队和地方科研

陈定昌（左）与梁思礼（右）亲切交谈

院所的客座教授、顾问等工作。其中，第二、三两个方面的工作有时是交叉进行的。

因为年龄原因，陈定昌在工作中的角色以及任务发生了转变，由863计划项目首席科学家变为任务总师，由中国航天科工集团公司、二院科技委主任、副主任变为顾问，他更多的是利用自己渊博的学识、丰富的经验以及睿智的大脑、超前的思维，为年轻一代指挥员保驾护航，为高层决策机构出谋划策，为人才培养竭尽全力。

2010年12月和2013年6月，陈定昌被总装备部任命为多项任务的总设计师，代表总装备部行使研制管理以及合同管理职责，为重大任务的关键技术把关。他曾多次亲临现场，在我国成功进行的空间探测等重要试验中行使职责，保驾护航。

在总装备部科技委，他担任兼职委员工作，连续四届主要承担国防基础研究专家顾问组工作，每年有立项、审查、中期评估以及任务完成后的项目验收工作，有时还要到相关单位考察。此外，他还承担探索项目及应用指导委员工作。

在国防科工局科技委，他担任航天分委员会委员，主要审查有关航天方面的发展规划，其中包括载人航天、探月工程等重大项目的规划。他还经常参加一些有关改革的研讨会，积极建言献策，总会提出一些新的观点和思路。

自 1999 年 8 月起，他先后担任中国航天机电集团公司（2001 年更名为中国航天科工集团公司）科技委第一届常务副主任，第二届副主任，第三届、第四届顾问。

自 1996 年 11 月起，他先后担任二院科技委主任、总师及顾问等职。

在 20 年的科技委工作中，陈定昌为二院、中国航天科工集团公司，乃至整个航天和国防军工的发展，出谋划策，殚精竭虑。

科技委经常被人们看成是养老之地，认为科技委工作轻松、清闲，没有指标和压力，就是上上自由班，干多干少无所谓。但陈定昌却不这样想，他认为，科技委工作做好了，同样可以发挥重要作用，应该在其位谋其政，通过精心组织和管理，集中专家们的学识与智慧，以发挥更大的知识力量和技术力量，真正成为各级领导和职能部门的“思想库”，成为各级领导班子重大决策的参谋部，为国防、航天作出更大贡献。

多年来，陈定昌对中国航天科工集团公司及二院科技委，从成立、管理到运行机制，乃至任务方向的开拓等，都作出了积极的贡献。

1999 年，受中国航天机电集团公司领导委托，陈定昌承担了集团公司科技委的成立组建工作。他亲自设计、构建了一个以集团公司科技委为中枢，以专业组为基础，以各院局基地的部、所、厂、站科技委为依托的咨询体系。集团公司科技委工作班子按照他的这个思路，开展筹备工作，选常委、选顾问、选委员，最后广泛吸纳专业组成员，建立起了一支由集团公司高级技术顾问、科技委主任、副主任、常委、顾问、委员、专业组成员构成的400多人的专家咨询体系；形成了以科技委常委会为中枢，专业组为基础，总体部及重点所、厂为专业组技术活动依托单位的有效运行机制。这项工作对于集团公司科技委的组织形式及运行机制建设起到了关键作用。

在中国航天科工集团公司科技委，陈定昌做的最重要的工作之一，就是主持集团发展战略研究。他主持了集团2020年前航天型号发展和支撑性专业技术发展战略研究，参与了2030年前国防技术与武器装备的发展战略研究。他还积极开展发展战略、型谱规划、专业技术规划，以及各种支撑技术和核心技术的发展研究。这是一项浩大的工程，前后历时十余年，花费了很多功夫和心血。定稿后的2020年前航天型号和支撑性专业技术发展战略研究内容有厚厚6本，2030年前国防技术与武器装备的发展战略研究形成了45份报告。这项工作对于集团公司的武器装备发展是一个很大的贡献，其重要作用及成果在今后若干年将逐渐显现出来。

在此期间，陈定昌积极倡导并组织开展了集团公司有关科技创新项目研究工作。又是历时四五年的时间，完成了两本创新报告。截至第三届科技委，共形成了66个创新项目。他还积极推荐航天有价值的课题在国防重大基础技术领域立项，使之成为国防科研的重要工程，工作卓有成效。

陈定昌还下了很大功夫、花费了很多精力，帮助几个院局基地解决任务不足的问题，指导他们确定技术发展方向和争取型号立项。众所周知，型号任务的多少，对每个院局基地的生存发展都至关重要。受集团公司分工所限，科工集团某基地没有防空、巡航及地地导弹等型号任务，只有一些军品配套任务，该基地急于寻求新的发展路径。陈定昌了解此情况后，急该基地之所急，想该基地之所想，成立了由花禄森、蒋鄚平、陶巍等专家组成的咨询组，多次出差调研，并请基地同志来京议事，反复与基地领导及技术人员进行商讨，最后向他们提出了开展飞艇项目研制的建议。陈定昌等专家给了他们两条重要建议：一是飞艇一定要为军品型号服务，成为信息探测、传输等方面的平台；二是不能仅仅局限于做军品，还要将其发展为民用产业，例如为国家的移动通信服务等，这样才能拓宽发展道路。项目从提出建议到正式立项，前后经历了四五年时间，陈定昌花费了很多心血。该基地在专家咨询组的帮助指导下，认真开展这一项目研究，目前飞艇已试飞成功。科工集团另一基地的发展也有类似困难，关于应该上什么重点型号，陈定昌给他们提了不少建议。为了避免在型号立项上与其他单位重复，他提出该基地搞防空导弹要利用自身技术优势和特点，在中、近程射程范围做文章，并将该领域装备做精、做优，再以此为基础进行扩展。该基地按照陈定昌及其他专家的建议，逐步开展研究，使基地的防空导弹型号从开始的一型发展到多型，终于使该基地的武器装备发展取得了较大突破，形成具有该基地特色的武器装备和技术发展之路。

高度重视开展与集团未来发展相关的创新项目研究，是陈定昌花费大量精力着力来做的一项工作。几年下来，他共提出二十几个项目，其中有十几个课题得到立项；在集团公司科技委科技创新课题中，由他亲自领衔的就有五六项，如《导弹武器信息化工程研究》《新一代武器装备发展和对策研究》等。

2006年，由陈定昌和中科院张仁和院士共同担任首席专家，开展了水下信息系统的相关课题研究论证，提出了发展我国水下战区信息体系的设想建议。该课题研究成果为发展水下作战信息体系、提高多平台信息化联合作战能力以及相关技术的发展发挥了重要作用。随后，他主持集团公司科技委开展了水下信息系统应用课题研究，该课题结合中国具有广阔海岸线、海域辽阔、岛屿众多，以及海洋安全问题日益突出的实际，分析研究了我国面临的海洋安全威胁、国内外发展现状和差距，提出了在海洋安全防卫方面发展武器装备研制的思路和建议。该课题有针对性地提出了一些先进的制海理念，要在国内发展水下信息系统的同时，加快应用信息技术发展及武器装备系统平台的研究，使集团公司的武器装备得到全面发展，形成集团公司武器装备发展新的增长点。

自近代以来，我国“重陆轻海”，导致“有海无防”，造成海洋权益的丧失。21世纪是海洋世纪，党的十八大提出了“坚决维护国家海洋权益，建设海洋强国”的战略目标。恰逢其时，陈定昌他们开展了水下信息系统应用课题研究，其研究成果为实现建设海洋强国目标，为国家安全及我军形成新的武器装备，为集团公司战略地位的不断提升作出了积极贡献。同时，也再次彰显了陈定昌独具慧眼的超前战略思维。

令人高兴的是，经陈定昌和课题组成员的共同努力，水下信息系统应用课题研究业已结题，并取得了丰硕成果。

在任常务副主任期间，为固化、彰显专家们的研究成果，陈定昌要求集团公司科技委每年形成一本专著，将上述研究成果、论文报告结集出版，以便推广利用。

陈定昌在集团公司科技委担任副主任及顾问期间，还十分重视同高等院校、

陈定昌院士在航天科工集团三院科技委2013年年会暨学术报告会上做学术讲座

科研院所强强联合，开展合作。他带领科技委人员与清华大学、北京航空航天大学、国防科技大学、中国科学院等广泛开展交流与合作，亲自到中国科学院声学所等多个研究所调查研究，先后开展了水下信息、微型飞行器、陀螺、微机、有机发光材料、数字雷达等方面的合作研究。通过这些努力，不仅对集团公司的军品产业起到了促进作用，同时也为民品产业的发展拓宽了道路。

传承，是人才培养的重要途径。唐代韩愈《师说》中:“师者，所以传道、授业、解惑也”，道出了教师工作的要义。这些年，陈定昌的工作还有一个重要组成部分，就是教学。陈定昌担任了总政治部开展的军队高层次创新人才工程的高级代教老师工作，已为总装备部、空军、二炮、国防科技大学及炮兵等单位的多个未来人才培养对象担任代教老师

陈定昌（右）与军队科技人员进行交流

陈定昌（二排右三）向军队科技人员传授要义

（相当于导师），亲自指导这些已在不同岗位担任领导职务的学生完成研究课题。他长期担任二院的硕士生、博士生导师及博士后合作导师工作。他还担任军队、大学及一些研究机构的客座教授和博士生导师工作，并经常开办各种专题讲座。

同时，陈定昌认真履行中科院院士“积极培养人才，推动科技队伍建设”的权力和义务，积极做好院士候选人的推荐选拔工作。在2013年度中科院院士遴选中，他担任了某候选人的主审人。陈定昌本着为国家推荐良才严格把关、一丝不苟的态度，不顾年事已高，工作极为严谨细致，亲自走访相关单位及人员，收集第一手材料，连续阅读大量推荐材料和候选人的技术报告等文件，每日工作到深夜，导致患上突发性耳聋，被迫住进医院，但仍坚持带病完成了这项推荐工作。在陈定昌的努力下，这名优秀的中青年专家终于脱颖而出，当选为该年度中国科学院院士，成为迄今为止航天系统最年轻的中国科学院院士。

这几年，特别是当选中科院院士以后，陈定昌的各种学术活动异常繁忙，各级各类活动的请柬、邀请函通过电话、传真、信件等形式纷至沓来，有科研项目方案审查会、立项评审会、技术咨询会、高层座谈会、学术研讨会，还有各类专题学术报告会、演讲会、纪念活动，等等，不一而足。陈定昌只要去参加，就会认真对待，而且在会前定会认真做好准备。

陈定昌的前任秘书吕慧英在工作日志中写道：这一年（2010年）陈院士非常忙，经常一天参加3～4个会议，有时晚上还要加班，结果几次病倒。

陈定昌的后任秘书则在工作记录中这样写道：2012年11月25日，陈院士应中国航天科技集团公司八院科技委邀请赴上海参加论坛，当日下午到达上海后，准备次日上午参会，次日下午返京。但当晚即接到集团公司领导的电话，要求他连夜返京，务必出席第二天上午总装备部召开的重要会议，为集团四院的重要项目立项发表专题意见。接到电话后，陈定昌二话没说，与上海方面领导说明情况后，便马上赶往火车站。他说："这个项目对集团和四院举足轻重，一定要去力争。"当夜回到北京，他就住进了会议现场，第二天如期参加了总装备部召开的会议，并发表了重要意见，为决策部门提供了立项依据，由此得到集团公司领导的赞扬，但他却默默承受了几日的鞍马劳顿：23日下午赶往无锡，24日参加航天基金评审，25日又赶往苏州对三个民营企业进行考察调研，25日下午赶到上海，晚上又赶回北京，26日参加总装会议并发言。这种奔波对陈定昌是经常性的，但对一个年近76岁的老人，个中辛苦自是不言而喻，但他从来不叫苦，对工作也从不推诿。

2. 宠辱不惊看人生

明代文学家洪应明有一副流传颇广的对联——"宠辱不惊，闲看庭前花开花落；去留无意，漫随天外云卷云舒。"此联写出了做人的一种高逸超脱的境界与态度：花开花落，岁月轮回，看庭前，一个"闲"字，尽是洒脱；云卷云舒，万物变幻，随天外，一个"漫"字，尽显豁达。宋代政治家范仲淹《岳阳楼记》有句名言"不以物喜，不以己悲"，与洪应明那幅对联有异曲同工之妙。之后，范仲淹笔锋一转，"先天下之忧而忧，后天下之乐而乐"，上升到更高的境界。

2010年，陈定昌（前排右三）在南京航空航天大学听取朱荻校长（前排左一）介绍情况

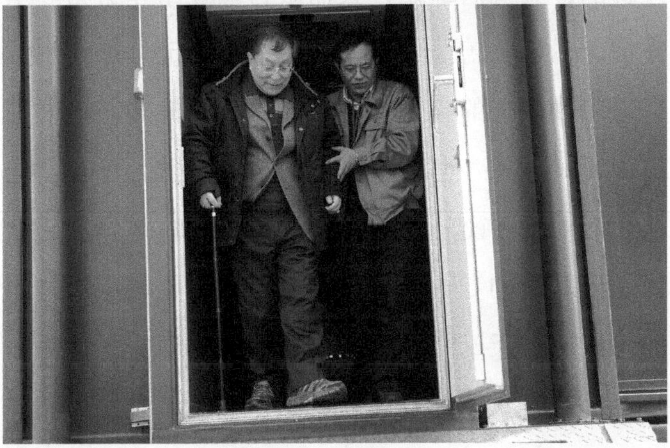

2015年1月9日，陈定昌（左）在苏州某航天单位参观产品

79年的人生历程，经历了太多的风风雨雨，陈定昌却总能那样平和、坦然、从容、淡定，宠辱不惊。

人们都说他有良好的心态，几件事很能说明这点。

20世纪90年代有一段时间，平时很少生病的陈定昌病倒了，住进了解放军第305医院。医生怀疑他得了肺癌，这可是一种令人闻之色变的重症。当他的朋友、同事去看望他时，感觉他很平静、很从容，似乎并没把病况放在心上，还像平时那样谈笑、聊天。他把自己交给医院和医生，说：“开刀也好，不开刀也好，你们医生研究好了该怎么做，就怎么做。”后来确诊他的病情是病毒性肺炎，化险为夷，但对他及其亲友却是一次折磨和考验。

陈定昌被推荐到中国科学院，结果上报后，第一次参评就全票通过了。

鲁迅先生有句名言：“哪里有天才，我只是把别人用来喝咖啡的功夫都用在工作上。”鲜花和掌声是短暂的，其背后却是漫长而艰苦的登攀和努力。坚守信念，埋头苦干，甘于寂寞，是陈定昌这一生做得最多、最久的事情。老友们在介绍他的兴趣爱好时，大多会说：“他喜欢看书。”总不忘添上一句，“他记性好，很敏锐，能抓住要点。”其时，过目不忘靠的是读书时的专注，能抓住要点也需要经年累月的磨炼。在航天二院档案馆一间深幽的库房里，保存了陈定昌的部分保密手册（工作笔记），几年前由于单位要开展6S管理，清除老物件在所难免，办公室的工作人员担心有用资料流失，便说服院档案馆保留了这批手册，共46本。翻开这一个个笔记本，从记录时间看，为1965～1986年，笔记本大多为64开小本，有些本子还包上了书皮，至今保存完好。从记录内容看，从打U2飞机研制抗干扰系统，到受命“某工程”勘察靶场大落区，再到“红旗七号”试验队工作……每个小本子上，隽秀的字迹写得密密麻麻、工工整整，有些地方还手工配画了地图或方框图，1973 年的一张靶场情况附图，就是将一幅中国地图画在一张较大的纸上，然后将其粘贴到笔记本上，再折叠成本子大小。图上标注出有关内容，整幅图画得工整、清晰、准确。

还有一些笔记本，记录的是技术资料。20 世纪 60 ~ 70 年代，情报资料非常有限，只能借阅，用心的人会摘抄一些内容留用。陈定昌就摘抄了不少国外技术资料，如《空间技术状况与空间战》《美苏精密制导武器状况》《雷达技术》《电子对抗》《微波技术》等。存入院档案馆的笔记本是标了密级的，也有些非密的未存到院里。在陈定昌办公室，有三本内容是《科技英语翻译技巧》《翻译技巧学习笔记》等。这些资料本中有很多用手工绘制的电路图，有的甚至是用铅笔绘制出来的。“千里之行，始于足下”，或许这些本子记录的是一个科学家的成长轨迹。见微知著，这几十个小本子亦是无言的证明：在陈定昌的成绩背后，付出的是常人所没有的艰辛和努力。他也用行动，实践了清华大学的校风——“行胜于言”（铭刻在清华大学礼堂前草坪南端日晷上的四个大字，为该校 1920 级学生的励志铭言，后成为清华大学校风）。

外表安静儒雅的陈定昌，个子不算太高，内心却很强大，做事情非常有毅力。在 1966 年的一个小本扉页上，陈定昌一笔一划、工工整整地写下了——“百折不回，奋勇前进”八个字，代表了他的信念与决心。老友蒋鄜平对他的评价是：“选对了方向，坚持不懈，从小的时候、从年轻的时候，就有一种不服输的精神。”

陈定昌崇尚清代爱国名将林则徐的名言——“苟利国家生死以，岂因祸福避趋之；有容乃大千秋几？无欲则刚百世师。”他勇于坚持，为了实现崇高的目标，可以忍受别人的不理解、不支持，将个人的得失置之度外，却不达目的不罢休。20 世纪 80 年代，在陈定昌担任二部主任时，他力主上马代表先进方向的中高空防空导弹第三代主战型号，却在二部党委会上受到了批评，成为少数派。在此情况下，陈定昌仍然能够出以公心，坚持不懈地一级一级去找，努力说服各级领导，最终得到上级机关的肯定和高层领导的支持。正是在陈定昌和一批同志的努力坚持下，才有了今天中国最先进的第三代防空导弹武器系统。

20 世纪 90 年代初，在陈定昌担任二院院长期间，曾遇到过一次很大的挑战。当时二院既搞地空战术导弹，又承担着中程战略导弹研制任务。要以少量经费实现“巨浪一号”上岸，华丽转身变成“东风二十一号”的后续型号，经费很少，任务极其艰巨。打靶时连续两发失利，后经分析检查，发现导弹部件有过改动，这是大型试验不允许发生的事情。还剩下仅有的第三发弹，要不要接着打？此时，中国航天工业总公司又连续发生了两起重大事故，一时间，总公司上下弥漫着紧张的空气，形势变得异常严峻。二院决定打“遥三”（第三次飞行试验），总公司派人到基地做工作，劝说二院半年后再打。可弹上很多元器件一个月后就要过期，如果不打，不仅后续工作无法开展，本来就靠贷款发工资的科研队伍也难以稳定。在经过一系列技术检测、试验后，二院确认问题已经得到解决，而且导弹竖在发射架上已三天，每一天都备受煎熬。二院好不容易把总公司工作组的工作做通了，突然又接到国防科工委“不打”的命令，中央军委领导也已首肯了国防科工委“不打”的建议。在这艰难时刻，身为院长的陈定昌与王可立书记、黄纬禄老总以及该型号的“两总”，以国家利益为重，共同立下军令状，遇到再大的困难也要搞下去。他们坚定的决心终于感动了上级领导，军委副主席刘华清说：“既然技术上有一定的把握，就打吧！”陈定昌院长和陈世年总师又熬了三天三夜，先驱车北京，又直飞重庆，解决了最后一个遥测系统器件问题。第七天，满载着二院人期望的“遥三”终于腾空而起，发射非常成功，全程控制良好，落点精度远远超出设计指标。

20 世纪 90 年代中后期，陈定昌更是顶着巨大压力，带领 863 项目团队，坚持不懈地完成了在别人看来不可能完成的任务。

宽容，与人为善，是陈定昌又一鲜明的特质。他是一个谦谦君子，总是保

“遥三”试验成功后，中国航天工业总公司副总经理栾恩杰（前排左四）发表讲话（前排右二为王可立，前排右三为王尚虎，前排右四为陈定昌，前排左一为侯世明）

持着温文尔雅的学者风范，宽以待人，诲人不倦。陈定昌曾深情地回忆说：“从小父亲就教育我，一定要与人为善，能够帮人一定要帮，这是积德的事。因此我一辈子很少跟人家吵架，也很少跟人家红脸。我觉得大家都是同事，都是为了工作，谁做得不好可以跟他商量，要与人为善，帮人为主。我相信‘有德有得，无德无得’，没有德什么都得不到，一定要把品德树立好，给所有的人尊重。而且，帮助别人，哪怕那人成绩很差，一定有他的原因，不能看着人家掉队。”他还回忆说：“这方面我唯一遗憾的是，曾经说过一个同学笨，这辈子就这一次。那是在大学快毕业时，学校要求每个人都要试着去调示波器，然后考核。我当时是最快的，原理弄清楚后，认真按照步骤，很快就调了出来。但是还有很多同学调不出来，我就去帮他们，唯一的一个遗憾，就是有个同学怎么帮他，他都做不好，一步步教他调，然后打乱，再叫他调就调不出来了，教了多次他还是不会，我当时就说他，你太笨了，怎么这么笨！让这个同学很难堪。后来我很后悔这件事，怎么能讲人家笨呢？”虽然这是一件陈年往事，可陈定昌至今仍记忆犹新、充满自责，可见他律己之严，始终把善待别人当作大事。

总装备部科技委主任郭桂蓉将军曾赞许陈定昌说：“陈定昌同志有一个很重要的特点，就是我从来没有听到过他说别人闲话，即使在他最困难、有人反对他、评院士不顺利的时候，他都没说过别人一句闲话，从这儿可以看出陈定昌同志为人正直。”俗话说“谁人背后不说人，哪个背后无人说”，议论别人或被人议论原本司空见惯、似乎天经地义，但陈定昌能做到宽以待人，不贬损他人，足以彰显他内心的坦荡与宽广。

人们或许好奇，作为一位有成就的科学家，在繁重的工作之余，能有什么兴趣爱好？科学家是否只有严谨治学的一面，生活上却是单调乏味的？陈定昌把读文学书当作一种享受。工作之余，他徜徉在欧洲文艺复兴与俄罗斯古典文学的百花园里，流连于中国古代四大名著、《三国志》、《东周列国志》等的情境之中。对于阅读文学书籍，他有自己的独到见解，他认为文学不仅可以陶冶情趣，还可以启迪心智，学习为人处世之道。

此外，他还喜爱下象棋、围棋，近年来，又学会了与计算机进行对弈搏杀，在黑白世界中运筹帷幄、研判大势、锻炼思维。

年轻时，陈定昌喜动，体操中的单杠、双杠、鞍马，球类中的足球、排球、羽毛球，以及田径中的短跑，都是他的强项。年纪大了，工作繁忙，他又总结出一套适合自己的养生之道、健身之法。他将中国古代的健身功法“十段锦”融会贯通，在原来十个动作的基础上，扩展为二十个动作，天天练习，坚持不断。他认为“老年治头，少年治腿”，年纪大了，脑部的按摩非常关键。每天早上起来，他会用 40 分钟至 1 个小时的时间，做各种各样的保健操，效果很好，使他在古稀之年依然保持充沛的工作精力。

性格决定命运。老友纷纷夸赞他有很好的性格，好人一生平安，“盈缩之期，不但在天；养怡之福，可得永年……”（《步出夏门行 · 龟虽寿》曹操）

陈定昌的浪漫情怀

3. 战略思维科学家

有人赞誉陈定昌说：他有一种透视的眼光和认知。

的确，在陈定昌身上有一种特殊素质——眼光，这种眼光表现为战略意识和超前思维。这一特质使他在几个关键的历史时刻成为新领域、新技术、新型号上马的重要推手。纵观过往各个历史时期，在陈定昌所做的工作中，其非常重要的一项是策划部署各级各类的发展规划，他特别善于谋划布局和做顶层设计。总装备部郭桂蓉将军将他的这种品格誉为战略思维，称赞他为："我国军事装备技术领域难能可贵的、具有战略思维的科学家。"

"战略"一词由来久远，"战"指战争，"略"指谋略。孙武的《孙子兵法》被认为是中国最早对战略进行全局筹划的著作。在现代，"战略"一词被引申至政治、经济和技术领域，其含义演变为泛指统领性、全局性、左右胜败的谋略、方案和对策。

原国防科工委主任丁衡高曾经说过：“战略问题的影响往往在后期表现出来，是后期效应，当时不一定体现很明显。我们回顾一下历史就会清楚，如当时党中央、毛主席提出抓‘两弹’，就有人有不同看法，现在看来，实践证明这是一个英明决策。抓卫星也是这样，抓核潜艇也是这样。我觉得考虑一个战略问题，有时候不容易被一些人所理解。”

沧海横流，方显英雄本色。战略问题有时不容易被当时人们所理解，是因为它的超前性和实现其目标的不确定性，也因此更加显现战略家的远见卓识，显示出他们非比寻常的眼光与胆识。

陈定昌曾经说过：“20 年前走得不对，20 年后就没有结果。”重视规划和善于前瞻设计，是他的一个显著特点。回首过往每个历史时期，20 世纪 60 年代、70 年代、80 年代、90 年代，以及 2000 年后至今，陈定昌的超前意识和创新思维，推动了多项重要技术以及型号的发展，在他的身后留下了一长串闪闪发光的脚印。

正是由于陈定昌所具有的战略思维的特点，使他在每个时期不同的工作岗位上，都非常重视前瞻设计，把工作重点放在谋篇布局和战略规划上。他高屋建瓴，集几十年研究之大成，逐步完成了对我国空天防御体系的探索与研究。2007 年，《中国航天 50 周年回顾》一书由国防科学技术工业委员会编辑，北京航空航天大学出版社出版。书中收录了中国航天事业亲历者们撰写的反映航天事业 50 年辉煌成就的文章，在“导弹武器篇”里，陈定昌记述了几十年来对空天防御体系的探索与研究，并集中总结、概括、凝练了自己的研究成果。

老牛明知夕阳晚，不待扬鞭自奋蹄。近年来，陈定昌把他的工作重心从一线指挥逐渐转到未来发展战略研究和领军人才的培养上。他要帮助国家策划好

陈定昌（前中）等参观中科院自动化所重点实验室展览

空天防御的未来。

注重人才培养也是战略眼光的一种体现，是着眼于未来发展、保持队伍后继有人之举。陈定昌担任领导职务时，对二部、二院以及集团公司的人才培养，作出了积极的努力和突出的贡献。现在，他又站在国家、国防、航天及二院长远发展的角度上来思考这个问题，正在有计划地从基层单位挑选素质好、有潜力的年轻人做有目的的培养，让他们迅速成长，早日担当起重任。

4. 厚德载物成大器

1963 年，陈定昌以优异的成绩毕业于我国著名的高等学府——清华大学。

坐落于北京西北郊的清华大学，水清木华，钟灵毓秀，以其深厚的文化底蕴和优良的学风、校风，为国家培养了一批批出类拔萃的人才，为各行各业输送了千千万万的栋梁之材。

清华大学以“自强不息，厚德载物”作为校训。1914 年，梁启超先生到清华以“君子”为题做演讲，以儒家经典《周易》“乾”“坤”二卦的象辞“天行健，君子以自强不息；地势坤，君子以厚德载物”为中心内容，激励清华学子发愤图强。这两句话的意思是：天（即自然）的运动刚强劲健，君子处世，应像天一样，自我力求进步，刚毅坚卓，发愤图强，永不停息；大地的气势厚实和顺，君子应增厚美德，像大地般容载万物。此后，清华大学即将此八字尊为校训，制定校徽。

对此校训，陈定昌自入学起就铭记于心，即使毕业离校也不曾淡忘，并一以贯之地始终遵循。从 1957 年进入清华大学学习到如今，他认真践行了近六十年。毕业后，在为祖国、为国防科研事业工作的 50 余年中，他以自己的实际行动和突出贡献对这一校训做出了最好的诠释。

2012 年 11 月 29 日，习近平总书记在一次讲话中，将党的十八大以来所提出的重要指导思想和执政理念，定义为“中国梦”，他说：“实现中华民族的伟大复兴，就是中华民族近代以来最伟大的梦想”，这个梦“一定能实现”。

2013 年 11 月 12 日下午，解放军第 306 医院外科病房的病榻上，正在住院的陈定昌院士满怀深情地对前来探望的几位传记作者说：“习总书记提出的中国梦，我理解就是强国、强军、富民、复兴。人类的文明要绵延，不受地球、太阳系的限制。我的一生，就是在实现中国梦方面做了一些工作。”

为了这个梦，陈定昌几十年如一日，锲而不舍、坚韧不拔，上下求索、奋斗不已……看准一件事能够始终坚持，从一个普通技术员到一位成功的科学家，数十载默默坚守，追梦，圆梦，矢志不渝。凭着过人的胆识和远大的目光，在关键时刻，做了关键的事——他，推动二院重返地空，力主上马主战型号，为我国第二代防空导弹“红旗七号”和第三代防空导弹主战型号的研制，作出了重要贡献。

20世纪70～80年代，面对某工程下马后二院及各厂所任务短缺的局面，陈定昌审时度势，提出了二院重返地空导弹战线的建议。他和同事们抓住机遇，上下游说，直至找到张爱萍同志，极力促成某样机的仿制，使“红旗七号”得以上马，并使二院顺利返回了地空战线。在“红旗七号”的研制过程中，他担任了两个分系统的主任设计师，为整个型号作出了积极贡献。1992年，陈定昌荣获国家科学技术进步奖特等奖。

20世纪80年代初，陈定昌起草了《地空导弹武器发展规划》，在我国率先提出开展第三代防空导弹武器系统的研制建议，后克服重重困难争取这一主战型号上马。同时，还前瞻性地提出在国际上直至今日依然先进的垂直发射、捷联惯性导航、低速指令修正、主动寻的末制导等技术关键。他主持系统三年攻关，决策开展对外合作，为后续研制工作奠定了坚实的基础。2007年，陈定昌荣获国家科学技术进步奖特等奖。

以不懈努力，披肝沥胆，历尽艰辛，出色完成了国家高科技工程的重大项目，收获了丰硕的成果。

2008年，某项目获得国家科学技术进步奖特等奖，是国家高科技工程的重大项目。在这一项目中，陈定昌是至关重要的角色，从参与项目发起，到担任专家组专家，再到担任首席科学家，亲历了该项目的发展全过程，在其中发挥了不可替代的重要作用。

又是一年秋来到，五色斑斓，果实累累。人生的秋天，也同样积淀丰饶，厚积薄发。谈到今后的打算，陈定昌意味深长地说："人总是要老的，老了以后，为使我们国家的事业不断发展，要做好传承。"他给自己确立了三个方面的工作重点：一是着力于科技队伍领军人才的培养，而不仅仅是自己作出些成绩；二是帮助单位搞好整体发展战略，使国家在空天防御方面具有强国地位；三是利用自己的博学与敏锐，传播先进的知识和理念，帮助单位打好技术基础。

"一万年太久，只争朝夕"。朝着自己定下的新目标，陈定昌再次出发！

陈定昌大事年表

1937 年

1 月 30 日，出生于上海市（祖籍：江苏省镇江市）。

因遭遇日本侵略者轰炸，1 岁左右举家迁往扬州，直至初中一年级。

1941 年　4 岁

入私塾学习。

1942 年　5 岁

9 月，正式入学，就读于江苏省扬州市城西小学（1 ～ 4 年级）。

1946 年　9 岁

9 月，就读于江苏省扬州市城北小学（5 ～ 6 年级）。

1948 年　11 岁

9 月，入读江苏省立扬州中学。

1949 年　12 岁

2 月，入读上海市立女子师范附属中学。

9 月，入读上海市立市西中学。

1952 年　15 岁

9 月，入读上海市东南中学。

1953 年　16 岁

9 月，入读江苏省南京市第十中学（现名南京金陵中学）。

1955 年　18 岁

6 月，于南京市第十中学加入中国共产主义青年团。

9月，就读于北京俄语学院留苏预备部。

1957年　20岁

9月，入读清华大学无线电电子学系。

1963年　26岁

7月，加入中国人民解放军总字743部队二支队。

1964年　27岁

7月，被中国人民解放军总字743部队授予中尉军衔。

1965年　28岁

6月，担任第七机械工业部（简称“七机部”）二院二部研究室工程组组长（至1980年）。

1967年　30岁

12月，与彭梅娣结婚。

1968年　31岁

11月，儿子陈国瑛出生。

1973年　36岁

12月，女儿陈国珍出生。

1977年　40岁

被七机部评聘为二院二部工程师。

1978年　41岁

荣获全国科学大会奖——其人生中第一个重要奖项。

1979年　42岁

11月，以中国宇航学会遥感技术代表团成员身份，对西德5个航空、航天部门进行考察。

1980 年　43 岁

5 月，由袁起、王占成介绍加入中国共产党，1981 年按时转正。

5 月，任二院二部某研究室副主任。

1981 年　44 岁

10 月，任二院二部某研究室主任。

1982 年　45 岁

被七机部评聘为高级工程师。

1983 年　46 岁

3 月，前往巴基斯坦工作。

4 月，任航天工业部二院二部副主任。

1984 年　47 岁

11 月，任航天工业部二院二部主任。

任二院二部型号副总师。

1985 年　48 岁

荣获国家科学技术进步奖三等奖。

1986 年　49 岁

1 ~ 2 月，前往美国学习考察。

1987 年　50 岁

被航天工业部评聘为研究员。

加入中国宇航学会，担任常务理事和无人飞行器学会理事。

加入中国电子学会，任高级会员并陆续担任会士、学术委员会委员、系统工程分会副主任委员以及电子学会编委等职。

任国防科工委（后为总装备部）精确制导技术专业组第一届组长。

任国防科工委科技委兼职委员。

1989年　52岁

荣获航空航天工业部科技进步奖二等奖。

9月，国务院总理李鹏接见新一代航天型号研制工作会议全体代表，时任二院二部主任陈定昌参加会议并受到接见。

11月，与二院其他11人一起成为院知名科技专家。

1990年　53岁

5月，任航空航天工业部二院副院长。

7月，被评为航空航天工业部有突出贡献中青年专家。

11月，任航空航天工业部二院院长。

1991年　54岁

5月，被国防科工委授予荣誉证书，表彰其在“七五”时期受聘863计划专家组成员期间对主管专题计划及课题起到重要作用。

11月，荣获航空航天工业部科技进步奖一等奖。

加入中国航空学会，任理事。

加入中国尖端技术学会，任常务理事。

享受国务院政府特殊津贴。

任国防科工委精确制导项目实体管理负责人。

1992年　55岁

6月，任二院仿真中心工程总指挥。

11月，荣获国家科学技术进步奖特等奖。

12月，被国家人事部授予“1992年度有突出贡献中青年专家”称号。

12月，温家宝（时任中共中央办公厅主任）参观二院仿真中心，陈定昌向其汇报工作。

1993年　56岁

12月，荣获中国航天工业总公司科学技术进步奖二等奖。

1994年　57岁

1月，任二院中、低空防空导弹总指挥。

1月，中共中央总书记江泽民参观视察二院仿真中心，陈定昌参加汇报与座谈。

1月，任长峰科技工业集团公司副董事长兼总裁。

1995年　58岁

6月，国务院总理李鹏视察二院，陈定昌向其汇报工作。

1996年　59岁

11月，任中国航天工业总公司二院科技委主任、总师。

12月，任国家863计划项目首席科学家（1996年至2000年）。

任国防科工委精确制导技术专业组第三届组长。

任国防科工委国家安全重大基础专家顾问组成员。

1997年　60岁

当选为国际空间协会监事。

任国际SPIE协会会员以及光学工程协会会员。

1998年　61岁

8月，任二院××工程技术经济总负责人。

1999年　62岁

8月，任中国航天机电集团公司第一届科学技术委员会常务副主任。

2000年　63岁

3月，任二院项目总研究师。

5月，任中国航天机电集团公司“目标与环境光学特性”国防科技重点实验室学术委员会副主任。

5月，任中国航天机电集团公司“目标与环境电磁散射辐射”国防科技重点实验室学术委员会副主任。

8月，任二院科技委顾问。

任二院项目总设计师。

2001年 64岁

1月，荣立中国航天机电集团公司个人一等功。

9月，任国家高技术863重大专项专家组专家、组长，项目总师（2001～2006年）。

12月，荣获国家科学技术进步奖二等奖。

2002年 65岁

1月，任中国航天科工集团公司项目总设计师。

7月，荣获中组部等四部委颁发的国家“杰出专业技术人才”荣誉称号。

2004年 67岁

3月，荣获中国航天基金奖。

5月，任中国航天科工集团公司第二届科学技术委员会副主任。

2006年 69岁

9月，荣立中国航天科工集团公司高新工程一期特等功。

2007年 70岁

11月，荣获二院建院50周年突出贡献奖。

12月，荣获国家科学技术进步奖特等奖。

2008年 71岁

4月，荣获全国五一劳动奖章。

10月，荣获何梁何利基金会评选委员会颁发的科学与技术进步奖。

12月，荣获国家科学技术进步奖特等奖。

2009年　72岁

1月，任国防科工局科学技术委员会委员。

12月，当选为中国科学院院士。

12月，任中国航天科工集团公司第三届科学技术委员会顾问。

2010年　73岁

3月，任二院第六届科学技术委员会顾问。

9月，任中国科学院光电信息处理重点实验室学术委员会主任。

12月，任中国航天科工集团公司“目标与环境电磁散射辐射”国防科技重点实验室学术委员会副主任。

2011年　74岁

1月，任惯性技术国防科技重点实验室学术委员会委员。

12月，任中国航天工程科技发展战略研究院学术委员会委员。

2012年　75岁

3月，任陆军武器装备体系研究国防科技重点实验室首席技术顾问。

3月，任国防科技大学第三届科学技术委员会顾问。

4月，任航天信息股份有限公司专家顾问委员会特聘顾问委员。

8月，任空军预警学院客座教授。

9月，任中国航天基金奖评审委员会委员。

11月，任浙江大学“光学惯性与传感技术国防重点实验室”学术委员会副主任委员。

12月，任二炮战略研究中心战略研究指导委员会委员。

2013 年　76 岁

4 月，任第五届空军建设发展院士顾问。

6 月，任中国华腾公司专家咨询委员会高级顾问。

10 月，任中国科学院杰出科技成就奖专用领域评审委员会委员。

12 月，任 C^4ISR 技术国防科技重点实验室第二届学术委员会副主任委员。

2014 年　77 岁

4 月，任中国航天科工集团公司第四届科学技术委员会顾问。

2016 年　79 岁

4 月，任中国航天科技集团公司第十二研究院决策支持委员会委员。

陈定昌担任过的部分兼职

东南大学兼职教授、东南大学毫米波国家重点实验室学术委员会主任。

北京理工大学导航制导与控制专业博士生导师。

哈尔滨工业大学兼职教授。

电子科技大学兼职教授。

华中理工大学兼职教授。

浙江大学某国防重点学科实验室学术委员会副主任。

天津大学航空航天研究院学术委员会委员。

国防科技大学兼职教授、导航制导与控制专业博士生导师。

国防科技大学ATR国家重点实验室学术委员会委员。

北京航空航天大学惯性技术重点实验室学术委员会委员。

中国宇航学会理事会理事、无人飞行器学会常务理事、专家咨询工作委员会高级顾问。

中国电子学会电子系统工程分会副主任委员。

国家开发银行科学规划委员会行外委员。

国务院学位委员会航空与宇航技术学科评议组成员。

光华科技基金评审委员会委员。

空军预警学院客座教授。

空军指挥学院客座教授。

总政治部军队高层次创新人才工程高级代教老师。

航天二院跨世纪国内外一流青年专家后备人选导师。

参考文献

[1] 中国航天科工集团二院．二院院史．

[2] 斯维特洛夫BT，戈卢别夫NC，等．防空导弹设计．本书编译委员会，译．北京：中国宇航出版社，2004.

[3] 奚启新．钱学森传．北京：人民出版社，2011.

[4] 国防科学技术工业委员会．中国航天50年回顾．北京：北京航空航天大学出版社，2007.

[5] 中国航天工业总公司．航天人物录．

[6] 继往开来：科学技术卷（上）．北京：中国画报出版社．

[7] 施昌学．海军司令刘华清．北京：长征出版社，2013.

[8] 武国友，张士义．中国共产党历史简明读本．北京：红旗出版社，2011.

[9] 马学强，宋钻友．上海史话．北京：社会科学文献出版社，2011.

[10] 王鸿．扬州散记．南京：江苏古籍出版社，2000.

后　记

《中国航天院士传记丛书》是在中国航天科技集团公司和中国航天科工集团公司统一领导下编写出版的，航天二院负责《陈定昌院士传记》等9个分卷的组织编写工作，二院院士传记编审委员会办公室负责传记编撰的具体组织工作。

法国艺术大师罗丹说过："生活不是缺少美，而是缺少对美的发现。美不仅在表面，更是在内心，虽不易察觉，但那才是真正的美，永存的美。"大师的话指向性太强、太透彻了。

在编撰《陈定昌院士传记》的过程中，我们一步一步地走近了陈定昌院士。无论是陈定昌院士本人，还是了解、熟悉他的合作伙伴，我们对他们每采访一次，都感觉有一次新的收获，对美又有了一次新的发现，这种美表现在陈定昌院士心灵深处，无处不在，这种美一直在感染着我们，不仅陈定昌院士的个人魅力，他的整个团队、他身边那许许多多的航天英雄的精神境界、道德品行、人格魅力，也都在深深地感染着我们。

人的一生，真的该有一种坚持，真的该有一些东西让你去执着地追求，那就是民魂。鲁迅先生说过："唯有民魂是值得宝贵的，唯有他发扬起来，中国才有真进步。"实际上，支撑我们这个国家、这个社会的，正是这种民魂。而令陈定昌院士对航天事业如此执着追求、进击，对国防建设如此拼搏、奉献的，也正是这种民魂。

在创作过程中，我们自始至终被一种责任感驱使着，越走近陈定昌院士，越对他那坦荡的胸怀、超人的毅力、青春的激情、敏捷的思维感受得越真切、越细腻，直至该书稿即将交付出版社时，我们仍然看到这位79岁高龄的院士，在勤奋、忘我地工作着。他的思维似乎从没有中断过，创新的灵感似乎永远不会枯竭；他总是不停地计算着梦想和现实之间的距离，总是源源不断地提升他那孜孜不倦、永不停息的动力！我们真的没法辍笔，尽管我们的语言表达能力非常有限，但我们仍一次次地要求自己，要尽最大可能，通过我们的文字，把他和老一代航天人强烈的爱国情怀和崇高的精神境界表现出来。

发生在陈定昌院士身上有许许多多动人的故事，作为作者，我们尽可能地使这本传记翔实、准确、可读、可鉴，但又不可能写得面面俱到，只能有选择地记述其中一些重要的史实。我们期待着这部传记能引发人们思考、借鉴某种精神，去想象和领略陈定昌院士与他的战友们那种不懈求索、不断创新的拼搏精神和超凡脱俗的高尚境界。这是我们的愿望，希望能够如愿以偿。

撰写院士传记是一项有意义的工作，既是光荣的任务，同时又是一项艰苦的创造性的劳动。编撰组的同志们在接到任务后，深感责任重大，须臾不敢懈怠。联系采访、整理笔记、查阅资料、调查核实、构思策划、创作修改，经过三年多的努力，总算成稿付梓。

全书编撰大纲、引言、第四、五、八章以及大事年表由孙捷撰写，第一、六章由张吉利撰写，第二、三章由侯鲜利撰写，第七章及后记由程国海撰写。陈仕正对书稿中的部分章节进行了修改，孙捷对全书各章进行了修改，并完成了全书统稿。

本书是大家共同创作的结果，总体框架、关键节点、重要采访、各章节内容、篇幅都经过编撰组认真的讨论。由于编者的能力、水平以及保密要求，不可避免地留下了些许遗憾：有些史料，因时间跨度久远而无从查找；大量翔实的资料因有关要求而未能收录；有些情节、背景表述得不够详尽；某些事件的细节，又进行了删减……在此，我们深表歉意。

本书七易其稿，多次征求各方面意见。书稿完成后，经传记编审委员会评审，提出了具体修改意见。写作过程中，得到了中国人民解放军总装备部、中国航天科工集团公司总部、航天二院、江苏扬州中学、江苏扬州汶河小学、江苏南京金陵中学、上海市西中学等单位以及陈定昌院士亲属等数十位曾与陈定昌院士一起工作、生活过的受访者近60人次的大力支持与协助，天剑学院在读研究生李贺、张重先、李锦、时宇若等四位同学帮助整理了大量录音资料，二院科技委院士工作处的同志在提供陈定昌院士事迹、收集整理院士图片方面做了很多工作，中国宇航出版社张铁钧副社长为指导本书修改付出了辛勤的劳动，在此谨向他们表示诚挚的谢意。

编　者

2016年5月